母语
课堂
—
Muyu Ketang

·薛瑞萍母语课堂·

母语

薛瑞萍教学设计与实录

薛瑞萍 —— 著

江西教育出版社
·南昌·

图书在版编目（CIP）数据

薛瑞萍教学设计与实录 / 薛瑞萍著 . -- 南昌：江西教育出版社，2022.8
（薛瑞萍母语课堂）
ISBN 978-7-5705-3102-8

Ⅰ.①薛… Ⅱ.①薛… Ⅲ.①小学语文课－课堂教学－教学研究 Ⅳ.① G623.202

中国版本图书馆 CIP 数据核字 (2022) 第 102353 号

薛瑞萍教学设计与实录
XUE RUIPING JIAOXUE SHEJI YU SHILU

薛瑞萍　著

江西教育出版社出版
（南昌市抚河北路 291 号　　邮编：330008）
各地新华书店经销
江西千叶彩印有限公司印刷
开本 700 毫米 ×1000 毫米　　1/16　　印张 14.75　　字数 175 千字
2022 年 8 月第 1 版　　2022 年 8 月第 1 次印刷
ISBN 978-7-5705-3102-8
定价：42.00 元

赣教版图书如有印装质量问题，请向我社调换　电话：0791-86710427
投稿邮箱：JXJYCBS@163.com　　电话：0791-86705643
网址：http://www.jxeph.com

赣版权登字 -02-2022-244
版权所有　侵权必究

把世界带进教室

一

"母语课堂"丛书初版于2016年。这次修订再版,将《诵读课》《吟诵课》更换为《薛瑞萍教学设计与实录》和《在家读诗》。如此,这套书就成为连续四届——连续17年的学习与工作记录。编辑希望我做一个说明,于是有了这一个总序、这段再回首。

二

遥想1997年暑假,第一次参加继续教育培训。一日上午,全科教师集中于合肥师范学校礼堂上大课。七八百名学员,齐聚一堂;没有空调的会场,热浪滚滚。

啊!那真是一个宽松、浪漫而野蛮生长的神奇年代。我怀念,我赞美!就在我满怀敬意的注视与谛听中,台上那位可敬的省教研员,她一边擦汗,一边声嘶力竭地讲。坐在后排的我,隔着滚滚热浪听见——越来越清晰地听见:

"……基础教育课程改革，试验……新课标，征集意见……教材只是个例子。教师和学生是平等的，师生与教材也是平等的。教师有权利对教材提出质疑，有责任引导学生在课堂上围绕教材展开讨论，并将其他丰富、优质的学习材料引进课堂。学生的大脑不是容器。他们需要的不是填充，而是激活和点燃……"

当时坐在后排的我，既想撇嘴，又想大笑；既想鼓掌，又想握手！教育本该如此！而我，一直都是朝这个方向努力的。只是没有得到过如此明晰、如此有力的引导，如此明晰、如此有力的支持。那一刻，是我职业生涯中的重要时刻。那年我32岁。

下课了，我逆人流而上挤到后台，想与老师继续交流。老师一边擦汗，一边鼓励："最好把你的做法记录下来，你也可以投稿。课程改革的关键是教师……"

被唤醒，被激活，被摇撼；发誓求真知，讲真话，做真教育；发愿在追逐理想的路上走到底。那些年，有过类似体验的青年教师太多。《薛瑞萍教学设计与实录》记录的是2004年春季第12册语文的教学，是一个教师的个人记录，是"课程改革那一届"的成长总结，也是时代的一道辙痕。

之后的岁月里，每当我感觉孤独虚无，怀疑付出与努力是否值得的时候，就会忆起那天上午的大课，同时想起1932年6月毕业季，胡适先生《赠与今年的大学毕业生》中的一番话：

我们要深信：今日的失败，都由于过去的不努力。我们要深信：今日的努力，必定有将来的大收成。

佛典里有一句话："福不唐捐。"唐捐就是白白地丢了。我们也应该说："功不唐捐！"没有一点努力是会白白地丢了的。在我们看不见想不到的时候，在我们看不见想不到的方向，你瞧！你下的种子早已生根发叶开花结果了！

三

之后，就是"心平气和的一届"。

《薛瑞萍读教育理论》和《薛瑞萍教育教学问答》都完成于2004—2010年，写作时间与"班级日志"重合。被点燃的人，连自己都怕。

"德之不修，学之不讲，闻义不能徙，不善不能改，是吾忧也。"孔子的意思是，除非你能够讲出来，并且落实到行动上，否则就不算是真的理解，真的在学。

《薛瑞萍读教育理论》就是这样一个求真知的记录。因为这些读书笔记，我结识了很多热爱钻研的同道；我们结成了真实不虚的"成长共同体"，体验着"以文会友，以友辅仁"的大快乐。

四

《薛瑞萍教育教学问答》则不同，是在朋友的鼓励和催促之下编织出来的——缘起于讲座中经常遇到的提问，回答涉及母语教学、班主任工作、家庭教育等诸多问题。相当于一本"实用手册"、一个工具箱，是一个建议、参考的意思。然而绝没有想到的是，《薛瑞萍教育教学问答》竟然广受欢迎。

2010年9月，回头带一年级。新生家长会上，我亲爱的搭档——教数学的王祥玲老师宣布《薛瑞萍教育教学问答》为本班家长必读书。"这本书我读过，我和薛老师是一条心。有不明白的，先读《薛瑞萍教育教学问答》。书里说过的，不要再来问！"

王老师做得对吗？我不确定。事实上，王老师做了一件我想做而不好意思做的事情；事实上，到了"这一届"，不少做法有所调整、有所改进。结果是，2010—2016那六年，我俩带得太顺心了。孩子以及家长都说：王老师好比严父，薛老师好比慈母，这个班好比一个大家庭。

"这一届"也即"太顺心的一届"，人数大约是点名册上的三倍。因为阅读，"我们班"向来包括孩子父母，乃至留守儿童的爷爷奶奶；连接和聚拢我们全体的，是那些美丽的诗篇、伟大的书。

五

"心平气和的一届"的"班级日志"是一部流水账。到了"太顺心的一届"，钻研和记录变得相对严谨，于是有了成体系的《写作课》《讲述课》《诵读课》《吟诵课》。

《诵读课》《吟诵课》的课题都是经典教育。时过境迁，之后的《薛瑞萍教古诗》《薛瑞萍教童谣》《薛瑞萍教童诗》《薛瑞萍读飞鸟集》以及这套书中的《在家读诗》，都是同一课题更深入、更贴近孩子的探索与记录。所以此次再版的时候，字字皆辛苦的《吟诵课》《诵读课》如笋衣一样，随新竹拔节而自然脱落；又如落红，化作春泥更护花。

"岁寒，然后知松柏之后凋也。"松柏岂不落叶？它只是在凋落的同时，不断生出新叶而已。教育是对成长的迷恋。除非自身成长，日有所进，否则教师如何服务孩子成长？

六

讲述，实在是一个太过重大的课题。

人类学有一个说法，智人取代尼安德特人的原因不在于体力，也不在于智力，乃是因为智人是一种善说故事的物种。故事带来凝聚力、想象力。

果如是，则这种讲述在中国至迟从战国时期就开始了。夸父追日、精卫填海、黄帝战蚩尤、神农尝百草、舜耕历山、大禹治水……这些故事的滥觞，也是华夏文明的重要起源。

从类比的角度看，智人和尼安德特人的差别大约相当于地球人和三体人的差别。在《三体》中，云天明用以拯救地球人的终极武器，恰是讲述。三个童话，是三个密码本。

讲述对于人类是如此重要，如此生死攸关，以至于能够如其所是地阐明讲述之力的，只有讲述本身。《一千零一夜》中，山鲁佐德夜复一夜的讲述，挽救了自己及众多女孩的性命，更拯救了残暴的国王。故事让国王得到疗愈，重新获得理性与爱的能力，重生为人。这才是终极拯救。

在《一千零一夜》这个故事中，山鲁佐德讲故事的智慧成功吸引了国王听故事的兴趣！所以我们可以说：讲述带来疗愈；一个人只要他对故事还有需求，就还有救。

故事是纽带、清泉、忘忧草。有些时候，故事还可以是烈火，焚尽不赦的罪恶。不信，请诵鲁迅先生的《故事新编》之《铸剑》，《庄子》之《逍遥游》；伊塔洛·卡尔维诺之《看不见的城市》，厄休拉·勒古恩之《一无所有》；阿城之《遍地风流》，何大草之《春山》……它们所演绎的，都是讲述的力量。一个民族，无论物质如何丰富，若是不能源源不断地产生好故事以滋养其共同体中的成员，终究是贫乏的、孱弱的、可怜的。

《乡村教师》就是一个绝好的故事，写作《乡村教师》的刘慈欣老师就是一位超级讲述者。刘慈欣擅长将现实和科幻无缝对接，擅长弥合现实与神话的隔阂。小说中那位身患绝症的乡村教师，临终前以口述的方式命令娃们背诵牛顿三大力学定律——老师就要死了，再也来不及讲解。这时娃们背诵的，其实是埋藏于体内等待燃烧的宇宙精煤。

如果生命允许，那位乡村教师一定会透彻地讲解牛顿三大力学定律，并讲很多故事：神话、童话、民间传说、经典名著、科学家传记。

"他们有一种个体，有一定数量，分布于这个种群的各个角落，这类个体充当两代生命体之间知识传递的媒介。"

"听起来像神话！"

"他们叫教师。"

讲述是教师的基本功，此乃常识。在我看来，语文教师不爱、不会讲故事，是匪夷所思的咄咄怪事。《讲述课》是关于"说什么"和"怎么说"的课程探索。一个例子而已。到"依依不舍的最后一届"，具体做法又有所调整，这是再自然不过的事情。

七

《写作课》的目的很单纯，就是想帮到那些焦虑的父母，那些被"囚禁"在写作培训班的孩子。先做读写人，再教读写课。《写作课》也是一名四十多年读写不辍的读写人关于读写的分享。

"太顺心的一届"毕业了，回头带"依依不舍的最后一届"。这时候班主任已经换人，但是王老师的教育勇气却被我"继承"了下来。二年级下学期，我要求孩子人手一本《写作课》。

"这是上一届大哥哥、大姐姐们的成长故事。不着急，你们慢慢看，需要的时候看。到了几年级，就看几年级的内容。你们报别的学科培训我管不着，有了这本书，语文就不必再上任何读写班，也不必再买任何作文选。有功夫宁可到户外玩耍，宁可阅读班级图书！"

家长、孩子个个欢喜。因为整个小学阶段，孩子们遇到的写作课题、写作困难基本相同；因为《写作课》提供的示范和陪伴，是那样的真实、亲切——真实、有力。

相比于《写作课》，《亲爱的汉修先生》才是本班孩子的写作宝典。这也是王祥玲老师阅读的第一本儿童文学经典读物。王老师哭着说：

"哎呀，薛呀，太感人了！我觉得鲍雷伊爸爸也挺可怜的，我希望鲍雷伊的妈妈让他回家。"

"你去问问孩子们吧！"我如是答。

八

在家读诗，是我从中学到今天不曾间断的生活方式，如呼吸一样自然。所以那样热切地带着孩子及家长做经典阅读，那样不遗余力地建设书香班级、书香家庭。归根到底，是想为自己找到同伴，找到灯。

感恩一届又一届孩子的陪伴！

又是毕业季。今天是我"太顺心的一届"孩子高考的日子；到9月，我带的最后一届宝贝也要升初中了。一代人有一代人的挑战，一代人有一代人的使命。2022年太不寻常。孩子们啊，老师为你们读诗，为你们祝福：

火 车

贾希特·塔朗吉　余光中 / 译

去什么地方呢？这么晚了，
美丽的火车，孤独的火车？
凄苦是你汽笛的声音，
令人记起了许多事情。

为何我不该挥舞手巾呢？
乘客多少都跟我有亲。

去吧，但愿你一路平安。
桥都坚固，隧道都光明。

九

"学生的大脑不是容器。他们需要的不是填充，而是激活和点燃。"这是常识。学生如此，教师何尝不是？如同创业从来都是持续创业，点燃——也从来都是持续点燃。最后，摘几段话送给亲爱的同行们——

  我的脑海里经常回荡着几百个老师焦急的声音，他们在问我："你如何判断，如何确定孩子在学习什么东西呢？甚至他们是不是在学习呢？"答案很简单，我们无法判断，尽管我们不能确定。我对于教育的看法建立在一个信念之上，尽管有很多证据可以支持这个信念，但我无法证明，可能永远也证明不了。这可以称之为"信仰"，这个信仰就是人天生是学习的动物。鸟儿会飞翔，鱼儿会游泳，人类会思考和学习。

  因此，我们不需要通过哄骗、贿赂或者恐吓去"推动"孩子学习。我们不需要不断地刨开他们的头脑以弄清楚他们是不是在学习。我们需要做的——唯一需要做的——就是尽我们所能地把这个世界带到学校和教室，给孩子们需要的及他们要求的帮助和指导，然后就走开。我们要相信他们能做好余下的事情。

（约翰·霍尔特《孩子是如何学习的》）

把世界带进教室。这是我们唯一需要做的事情。

其他一切，交给祈祷和信仰吧。

初稿于 2022 年 6 月 7 日
定稿于 2022 年 6 月 16 日

愿我记得

全书总计29课的教学设计或教学实录，攒集于2004年春天。

那一年，与我携手走过一届的孩子正值六年级，所用教材是人教版第12册。

那几年，我与无数渴望成长的同行一样，因为一根网线的连通，突破了学校围墙乃至所在地域的局限，进入一片生命的林子——教育在线论坛。

李玉龙是一位杂志编辑，他负责的《教师之友》发行量很小，却集中了论坛上最能打的一拨"思想型"教师。刚从部队退伍的李玉龙，满蓄特种兵令人瞠目的战斗力——大家发现他几乎不眠不休地在论坛上读帖、跟帖，夜以继日地与教师探讨"思辨""对话""生成""真实""教与学""表演与表现"等这些有关教育教学的话题。在论坛网友及《教师之友》读者的心中，李玉龙是一位可信可托、铁骨柔肠的"教师之友",也是青年教师慈祥又严苛的导师。

于是有了2004年4月9日到11日的"青年教师成长论坛",地点在江苏徐州,主办单位是《教师之友》杂志社。既然是教师成长论坛,观课自然必不可少。可是,"珠圆玉润""行云流水"也好,"诗情画意""令人陶醉"也罢,李老师对于千磨万凿才出山、一学期乃至一年巡演一堂的公开课几乎不屑一顾。以为那是单单成就名师的表演,那种课堂看起来越漂亮、越精致、越少瑕疵,对于青年教师的误导就越大。以为它们远离日常,缺乏生机。

为了求真,李玉龙计划推出一组不容精打细磨的家常课。10日上午活动结束前由参会老师选定课题,下午上课。具体科目分别是高中历史、初中语文、小学语文。

这一设想掀起论坛巨澜。作为"兴风鼓浪"者,李老师自然又卷入一番不眠不休的解释、探讨与辩论当中。没有一个已然成名的特级教师愿意接受这样的挑战或者说是捉弄。于是,小学语文那一课就落到我这里。而我,是直到退休也并非特级或正高级的普通教师。

说是课前指定,然而恰是为了日常与真实,课题还是圈在本学期所教一册范围之内。也就是说,徐州论坛的公开课还是有时间准备的。真实就在这里。就算在自己班上,日复一日,周复一周,哪有教师是不经备课就上堂的?

于是,从3月初接到任务到4月8日出发,我在完成正常教学进度的同时,紧张备课。之所以紧张,是因为自从1998年获合肥市中小学教师课堂教学比赛一等奖之后,我就再也没有参加类似的赛课、评课。

5年没有借班上课了,何况是到合肥以外的地方!5年不出校门,埋头阅读和耕耘自家园地,一班孩子几乎把我惯成一个"见光死"

的人！

为了找回"课感"，我尽量做"教学设计"，能做多少做多少；也按照李老师的建议，到平行班，就到临近学校，请孩子当堂指定篇目，上课以练胆。这算不算作弊呢？呵呵！

往事已矣，斯人已去！倏忽之间，李玉龙老师与世长辞已经6年！这6年间，我们的学校，我们的社会，我们的孩子，我们的教师成长乃至生存环境，发生了怎样令人瞠目的巨变！

2021年9月，因朋友的建议，打开电脑找寻2010年到2012年写给一、二年级家长的78封信。结果信件星散，却翻出17年前这一路几乎遗忘的旧足迹。

泥上偶然留指爪，鸿飞那复计东西！

与飞鸿一样不可捉摸、无法确定的，是个人命运，也是时代潮流。

这是一个太快、太忙的时代，快到无痕，忙到木然。空气中充满压力与诱惑，魔幻与虚无。当此际，往日重现，岂是偶然？

愿我葆有初心，行在道上；愿我记得那段充满理想的岁月，那些怀抱纯真的人。这一份纯真和记忆，是清澈的生命之泉，属于个人，也属于朋友。

薛瑞萍

2021年10月29日

目录 MULU

《十六年前的回忆》教学设计　/ 001

《灯光》教学设计　/ 009

《为人民服务》教学设计　/ 017

《延安，我把你追寻》教学设计　/ 021

《向往奥运》教学设计　/ 027

《詹天佑》教学实录　/ 033

《走向生活》教学设计　/ 050

《长歌行》教学设计　/ 055

《七步诗》教学设计　/ 059

《出塞》教学设计　/ 062

《草船借箭》教学设计　/ 066

《草船借箭》教学实录　/ 073

《将相和》教学实录　/ 077

《景阳冈》教学实录　/ 087

《猴王出世》教学实录　/ 099

《示儿》教学实录　/ 108

《卜算子·咏梅》教学设计　/ 113

《闻官军收河南河北》教学设计　/ 117

《匆匆》教学设计　/ 122

《难忘的启蒙》教学实录　/ 127

《三克镭》教学实录　/ 136

《卖火柴的小女孩》教学设计　/ 146

《卖火柴的小女孩》教学实录　/ 152

《穷人》教学实录　/ 161

《鲁滨逊漂流记》教学实录　/ 170

《奴隶英雄》教学实录　/ 184

《世纪宝鼎》教学实录　/ 191

《清明上河图》教学实录　/ 199

《矛与盾》教学实录　/ 208

《郑人买履》教学设计　/ 214

《关尹子教射》教学设计　/ 217

附录　论坛短信：语文不光是课　/ 220

《十六年前的回忆》
——教学设计——

十六年前的回忆

李星华

　　1927年4月28日,我永远忘不了那一天。那是父亲的被难日,离现在已经十六年了。

　　那年春天,父亲每天夜里回来得很晚。每天早晨,不知道什么时候他又出去了。有时候他留在家里,埋头整理书籍和文件。我蹲在旁边,看他把书和有字的纸片投到火炉里去。

　　我奇怪地问他:"爹,为什么要烧掉呢?怪可惜的。"

　　待了一会儿,父亲才回答:"不要了就烧掉。你小孩子家知道什么!"

　　父亲一向是慈祥的,从没骂过我们,更没有打过我们。我总爱向父亲问许多幼稚可笑的问题。他不论多忙,对我的问题总是很感兴趣,总是耐心地讲给我听。这一次不知道为什么,父亲竟这样含糊地回答我。

　　后来听母亲说,军阀张作霖要派人来搜查。为了避免党组织被破坏,父亲只好把一些书籍和文件烧掉。才过了两天，果然出事了。工友阎振三一早上街买东西，直到夜里还不见回来。第二天，父亲才知道他被抓到警察厅里去了。我们心里都很不安，为这位工友着急。

局势越来越严峻，父亲的工作也越来越紧张。他的朋友劝他离开北京，母亲也几次劝他。父亲坚决地对母亲说："不是常对你说吗？我是不能轻易离开北京的。你要知道现在是什么时候，这里的工作多么重要。我哪能离开呢？"母亲只好不再说什么了。

可怕的一天果然来了。4月6日的早晨，妹妹换上了新夹衣，母亲带她到儿童娱乐场去散步了。父亲在里间屋里写字，我坐在外间的长木椅上看报。短短的一段新闻还没看完，就听见啪，啪……几声尖锐的枪声，接着是一阵纷乱的喊叫。

"什么？爹！"我瞪着眼睛问父亲。

"没有什么，不要怕。星儿，跟我到外面看看去。"

父亲不慌不忙地向外走去。我紧跟在他身后，走出院子，暂时躲在一间僻静的小屋里。

一会儿，外面传来一阵沉重的皮鞋声。我的心剧烈地跳动起来，用恐惧的眼光瞅了瞅父亲。

"不要放走一个！"窗外响起粗暴的吼声。穿灰制服和长筒皮靴的宪兵，穿便衣的侦探，穿黑制服的警察，一拥而入，挤满了这间小屋。他们像一群魔鬼似的，把我们包围起来。他们每人拿着一支手枪，枪口对着父亲和我。在军警中间，我发现了前几天被捕的工友阎振三。他的胳膊上拴着绳子，被一个肥胖的便衣侦探拉着。

那个满脸横肉的便衣侦探指着父亲问阎振三："你认

识他吗？"

阎振三摇了摇头。他那披散的长头发中间露出一张苍白的脸，显然是受过苦刑了。

"哼！你不认识？我可认识他。"侦探冷笑着，又吩咐他手下的那一伙，"看好，别让他自杀！"

他们仔细地把父亲全身搜了一遍。父亲保持着他那惯有的严峻态度，没有向他们讲任何道理。因为他明白，对他们是没有道理可讲的。

残暴的匪徒把父亲绑起来，拖走了。我也被他们带走了。在高高的砖墙围起来的警察厅的院子里，我看见母亲和妹妹也都被带来了。我们被关在女拘留所里。

十几天过去了，我们始终没看见父亲。有一天，我们正在啃手里的窝窝头，听见警察喊我们母女的名字，说是提审。

在法庭上，我们跟父亲见了面。父亲仍旧穿着他那件灰布旧棉袍，可是没戴眼镜。我看到了他那乱蓬蓬的长头发下面的平静而慈祥的脸。

"爹！"我忍不住喊出声来。母亲哭了，妹妹也跟着哭起来了。

"不许乱喊！"法官拿起惊堂木重重地在桌子上拍了一下。

父亲瞅了瞅我们，没有说一句话。他的神情非常安定，非常沉着。他的心被一种伟大的力量占据着。这个力量就是他平日对我们讲的——他对于革命事业的信心。

"这是我的妻子。"他指着母亲说。接着他又指了一下我和妹妹："这是我的两个孩子。"

"她是你最大的孩子吗？"法官指着我问父亲。

"是的，我是最大的。"我怕父亲说出哥哥来，就这样抢着说了。我不知道当时哪里来的机智和勇敢。

"不要多嘴！"法官怒气冲冲的，又拿起他面前那块木板狠狠地拍了几下。

父亲立刻就会意了，接着说："她是我最大的孩子。我的妻子是个乡下人。我的孩子年纪都还小，她们什么也不懂，一切都跟她们没有关系。"父亲说完了这段话，又望了望我们。

法官命令把我们押下去。我们就这样跟父亲见了一面，匆匆分别了。想不到这竟是我们最后一次见面。

28日黄昏，警察叫我们收拾行李出拘留所。

我们回到家里，天已经全黑了。第二天，舅老爷到街上去买报。他是哭着从街上回来的，手里无力地握着一份报。我看到报上用头号字登着"李大钊等昨已执行绞刑"，立刻感到眼前蒙了一团云雾，昏倒在床上了。母亲伤心过度，昏过去三次，每次都是刚刚叫醒又昏过去了。

过了好半天，母亲醒过来了，她低声问我："昨天是几号？记住，昨天是你爹被害的日子。"

我又哭了，从地上捡起那张报纸，咬紧牙，又勉强看了一遍，低声对母亲说："妈，昨天是4月28日。"

一、看"预习提示"，交流对人物的了解

李大钊是中国共产党的创始人之一，这篇课文是李大钊的女儿李星华1943年在延安写的，当时正值李大钊同志遇难16周年，所以题目为《十六年前的回忆》。

1. 这篇文章写于1943年，距今已近80年！由于时代久远，这

给我们的学习带来一定的困难。问：你们对于李大钊有哪些了解？

2. 李大钊是河北人，毕业于天津政法专门学校，留学于日本早稻田大学，担任《新青年》杂志编辑和北京《晨钟报》主编，是北京大学经济系教授，北京大学图书馆主任。问：听了这些不带任何评价的客观的叙述，你觉得李大钊是一个什么样的人？（温和，知识丰富，有才能，等等）

3. 自读，思考"课文主要写了李大钊同志的哪几件事"。

二、检查预习情况

问：课文主要写了李大钊同志的哪几件事？

学生如有困难，可以提示：除了开头一段，全文都是按事情发展顺序写的：被捕前、被捕时、被捕后和遇害之后。

1. 被捕之前，不顾个人安危，日夜工作；
2. 被捕时，处变不惊，镇定自若；
3. 法庭上沉着镇定；
4. 遇害后家人悲愤满腔。

为学习方便，将课文划分四个部分。

三、学习第一段

1. 齐读。
2. 体会作者写下"我永远忘不了那一天"这句话时的心情，带着怀念、悲愤，再读。

四、学习"被捕之前"

1. 请一位同学读"被捕之前"。其他同学边听边画出深有感触的地方，有不懂的用"？"标出。

2. 读，议论。

3. 找出最能体现李大钊不顾安危的话。

4. 齐读："不是常对你说吗？我是不能轻易离开北京的。你要知道现在是什么时候，这里的工作多么重要。我哪能离开呢？"

五、用同样的方法学习"被捕之时"

（1、2略。本部分比较长，也可考虑默读，画出有感和有疑的地方）

3. 注意，刚才我们说了父亲一向很慈祥，这一段面对敌人，出现了"慈祥"的反义词——"严峻"，你们看见了吗？"很慈祥"和"惯有的严峻"用在一个人身上，是否矛盾？

当时的社会，不，不光是当时的社会，我们身处的这个世界永远是真善美和假恶丑并存的。一个人，除非他已经麻木了，否则他的性格会因为他经常接触和思考的事物而呈现多面性。作为一个父亲，一个学者，一个愿意以生命代价改变黑暗现实的革命者，面对家人，面对朋友，面对学生，面对所有的受苦人，他必定是充满热诚的；正是这满满的热诚，使得他在面对黑暗势力的时候，比一般人多了一分严峻。因为，他是发誓要埋葬这个不公平的世界的！

说到这里，老师想到另一个伟大的人物——居里夫人。作为科学家，她的一生奉献给了科学事业，过着最为简单的生活，放弃了镭的专利；作为母亲，她无比疼爱自己的两个女儿，亲自教育她们，于百忙之中，为她们念诗，陪她们游戏。她两个女儿一个成为诺贝尔化学奖的获得者，一个成为音乐教育家和传记作家。可是，你如果看过她的画像，一定会被她严肃的外貌震慑，不由自主地产生敬畏之心。关于这一点，爱因斯坦写道："她在任何时候都意识到自己是社会的公仆，由于社会的严酷和不平等，她的心情总是抑郁的。这就使得她具有那样严肃的外貌。"

我将一个革命家和一个科学家放在一起说，就是因为他们都有一个共同点——爱憎分明，他们对光明和美好有多么强烈的热爱，对黑暗和丑恶就有多么强烈的憎恨。这种爱憎交织的力量是如此之大，它给了李大钊临危不惧和视死如归的勇气，也给了李大钊这个温文尔雅的教书先生以钢铁般的毅力，在酷刑之下，十指钉进竹签，十个指甲被生生拔去，也不泄露机密，也不说出危害同志安全的一个字。

4. 看书齐读："他们仔细地把父亲全身搜了一遍。父亲保持着他那惯有的严峻态度，没有向他们讲任何道理。因为他明白，对他们是没有道理可讲的。"

六、学习"法庭之上"

1. 请一位同学读"法庭之上"。其他同学边听边画出深有感触的地方，有不懂的用"？"标出。

2. 读，议论。

3. 注意，法庭上一家人难得见面了。面对亲人，李大钊给我们留下的深刻印象是什么？（平静和慈祥）

4. 注意父亲说的话："这是我的妻子。""这是我的两个孩子。""她是我最大的孩子。我的妻子是个乡下人。我的孩子年纪都还小，她们什么也不懂。一切都跟她们没有关系。"——注意他对亲人的称呼："我的妻子""我的两个孩子""我最大的孩子"。同学们，即便你不在场，你也该从白纸黑字中读到了什么吧？（对亲人的眷恋）

还有"父亲瞅了瞅我们，没有说一句话""父亲说完了这段话，又望了望我们"，想一想，那是怎样的目光啊！

5. 齐读："父亲立刻就会意了，接着说：'她是我最大的孩子。我的妻子是个乡下人。我的孩子年纪都还小，她们什么也不懂，一切都跟她们没有关系。'父亲说完了这段话，又望了望我们。"

七、学习"遇害之后"

1.请一位同学读"遇害之后"。其他同学边听边画出深有感触的地方，有不懂的用"？"标出。

2.读，议论。

3.关于"我"的昏倒和母亲的"昏过去三次"，教师讲述故事"这是你们的师母，我希望你们尊重她"。

李大钊与夫人赵纫兰，是按照旧式传统结成的夫妻。夫人比李大钊年长六岁。李大钊是留洋归来的知识分子，是风度翩翩的大学教授，夫人却是文盲，还裹着小脚。由于常年操持家务，她更加显得土气和老相，别人都以为她是先生家的保姆。起初当家里来了同事的时候，赵纫兰常常躲起来，怕自己给丈夫丢脸，李大钊总是大大方方地向同事介绍自己的夫人。李大钊热心教夫人识字和阅读，休闲时间也常常携夫人出去散步。年轻的大学生们看见了，觉得颇不解。每当这个时候，李大钊总是严肃地对学生们说，这是你们的师母，我希望你们尊重她。

4.分两拨读末尾两段，体会悲愤的心情。

八、总结

现在我想请你们说说，通过本文的学习你认为李大钊是怎样一个人。（坚定的革命者，慈爱的父亲，可敬的丈夫）

所以时隔16年之后，作者对父亲被捕前后的事情刻骨铭心，永生难忘。所以她在第一句就无比沉痛地写道——（"1927年4月28日，我永远忘不了那一天。"）请读！那一年，父亲才38岁啊，那是人一生中的鼎盛时期！再读！

《灯光》
—— 教 学 设 计 ——

灯　光

王愿坚

　　我爱到天安门广场走走，尤其是晚上。广场上千万盏灯静静地照耀着周围的宏伟建筑，令人心头光明而又温暖。

　　清明节前的一个晚上，我又漫步在广场上，忽然背后传来一声赞叹："多好啊！"我心头微微一震，是什么时候听到过这句话来着？噢，对了，那是很久以前了。于是，我沉入了深深的回忆。

　　1947年的初秋，当时我是战地记者。挺进豫皖苏平原的我军部队，把国民党军五十七师紧紧地包围在一个叫沙土集的村子里。激烈的围歼战就要开始了。天黑的时候，我摸进一片茂密的沙柳林，在匆匆挖成的交通沟里找到了突击连，来到了郝副营长的身边。

　　郝副营长是一位著名的战斗英雄，虽然只有二十二岁，已经打过不少仗了。今晚就由他带领突击连去攻破守敌的围墙，为全军打通歼灭敌军的道路。大约一切准备工作都完成了，这会儿，他正倚着交通沟的胸墙坐着，一手拿着火柴盒，夹着自制的烟卷，一手轻轻地划着火柴。他并没有点烟，却借着微弱的亮光看摆在双膝上的一本破旧的书。书上有一幅插图，画的是一盏吊着的电灯，一个孩子正在灯下聚精会神地读书。他注视着那幅图，默默地沉思着。

"多好啊！"他在自言自语。突然，他凑到我的耳边轻轻地问："记者，你见过电灯吗？"

我不由得一愣，摇了摇头，说："没见过。"我说的是真话。我从小生活在农村，真的没见过电灯。

"听说一按电钮，那玩意就亮了，很亮很亮。"他又划着一根火柴，点燃了烟，又望了一眼图画，深情地说："赶明儿胜利了，咱们也能用上电灯，让孩子们都在那样亮的灯光底下学习，该多好啊！"他把头靠在胸墙上，望着漆黑的夜空，完全陷入了对未来的憧憬里。

半个小时以后，我刚回到团指挥所，战斗就打响了。三发绿色的信号弹升上天空，接着就是震天动地的炸药包爆炸声。守敌的围墙被炸开一个缺口，突击连马上冲了进去。没想到后续部队遭到敌人炮火的猛烈阻击，在黑暗里找不到突破口，和突击连失去了联系。

整个团指挥所的人都焦急地钻出了地堡，望着黑魆魆的围墙。突然，黑暗里出现一星火光，一闪，又一闪。这火光虽然微弱，对于寻找突破口的部队来说已经足够亮了，战士们靠着这微弱的火光冲进了围墙。围墙里响起了一片喊杀声。

后来才知道，在这千钧一发的时刻，是郝副营长划着了火柴，点燃了那本书，举得高高的，为后续部队照亮了前进的路。可是，火光暴露了他自己，他被敌人的机枪打中了。

这一仗，我们消灭了敌人的一个整编师。战斗结束后，我们把郝副营长埋在茂密的沙柳丛里。这位年轻的战友为了让孩子们能够在电灯底下学习，不惜牺牲自己的生命，他自己却没有来得及见一见电灯。

事情已经过去很长时间了。在天安门前璀璨的华灯下面，我又想起这位亲爱的战友来。

一、看"阅读提示"，画下其中所问，带着问题轻读课文，不解处可以讨论

问题不难，解决之后，再读，有感情地读，准备做预习汇报——在预习汇报中，精彩的回答和正确流利、充满感情的朗读一样重要。

1. 课文讲了一件什么事？
2. "多好啊"这句话在文中出现了几次？分别是在什么情况下说的？
3. 他们在说这句话的时候，看到了什么？想到了什么？

二、就三个问题，展开朗读和讨论

1. 天安门前的灯光引起作者对往事的回忆，在1947年初秋的一场战斗中，郝副营长为了保证战斗的胜利，毅然点燃了书，结果暴露自己，导致被敌人的机枪射中。

课文的叙述顺序为倒叙，为方便学习和讨论，根据叙述内容的不同，将课文划分为四个部分。

2、3两个问题可以合并回答。"多好啊"在文中出现了3次。

（1）清明节前的一个晚上，"我"在天安门广场漫步，听见一

声赞叹："多好啊！"引起回忆。这声"多好啊"既是对北京美丽夜景的赞叹，也是对和平生活的赞叹。

①紧扣问题，读第二自然段。

　　清明节前的一个晚上，我又漫步在广场上，忽然背后传来一声赞叹："多好啊！"我心头微微一震，是什么时候听到过这句话来着？噢，对了，那是很久以前了。于是，我沉入了深深的回忆。

②引人赞叹的是怎样的灯光？回读第一段。
③注意"静静""宏伟""光明""温暖"。
再读。
④注意"微微一震"的感觉。第一、二两段连读。

（2）战斗打响之前，郝副营长借着火柴的亮光看一本破书，书上的插图画的是一个孩子在灯光下读书。"多好啊！"是他的自言自语。

①读第四段至第五段第一句。
②从"他并没有点烟"开始再读。注意"微弱的亮光""一本破旧的书""一盏吊着的电灯""一个孩子""注视""默默"，然后，你读出的那一声"多好啊"，就和从前有所不同了！

　　他并没有点烟，却借着微弱的亮光看摆在双膝上的一本破旧的书。书上有一幅插图，画的是一盏吊着的电灯，一个孩子正在灯下聚精会神地读书。他注视着那幅图，默默地沉思着。"多好啊！"他在自言自语。

③三读。
议论：告诉我，这时候，郝副营长可能想到了什么？

除了向往将来的孩子们都能在灯光下学习,还可能想到了什么?

22岁,人的生命的黄金时代啊!以他在战斗的间隙看书的安静和专注,我们不难想象如果在今天,如果生活和学习条件允许,他会是一个怎样的人?(大学生)

我比较喜欢这篇课文,一般来说,只有经历过战争的人,才真正知道和平的可贵。在这里,作为故事主人公的郝副营长,是一个与众不同的战斗英雄。他安静,温和,虽然刚刚22岁,却打过不少仗。可是,他对于和平充满向往,他的内心世界是温存的。这和战斗英雄的身份看似不协调,然而,给了他战斗的勇气和动力的,恰恰是这种向往,这份柔情。在这里,在这个年轻战士的身上,勇猛和温和,壮烈和细腻,令人感动地统一起来了。无情未必真豪杰,怜子如何不丈夫!这才是真正的英雄啊!所以结尾处他的牺牲,才让我在景仰的同时感到无比的叹惋!一夜之间就消失了呀,那么年轻、那么美好的生命!

(3)郝副营长和"我"就那本书上的那幅插图谈到都没有见过的电灯,"多好啊!"明确表达了希望将来的孩子们都能在灯光下学习的愿望。

①一读第7自然段全段。

②再读:"赶明儿胜利了,咱们也能用上电灯,让孩子们都在那样亮的灯光底下学习,该多好啊!""他把头靠在胸墙上,望着漆黑的夜空,完全陷入了对未来的憧憬里。"

③三读分两组。

赶明儿胜利了,咱们也能用上电灯,让孩子们都在那样亮的灯光底下学习,该多好啊!// 他把头靠在胸墙上,望着漆黑的夜空,完全陷入了对未来的憧憬里。

注意"漆黑的夜空"和"憧憬",联想即将开始的战斗和不久降临的壮烈牺牲。

④四读。

三、学习第三部分

1. 从第8、9、10、11四个自然段中自选有感触的一段朗读。谈感想。

2. 齐读或者教师读第10、12段并发表看法。

在老师的眼里,在老师的心里——我相信在郝副营长的眼里,在郝副营长的心里,书是美丽的,学习是幸福的,他的英勇作战、奋不顾身当然是为了解放全中国,为了将来的孩子们能读书学习,而不是像他一样,一生都没有见过电灯,一生都不曾在那样柔和明亮的灯光下待过。然而,在他的内心深处,他又何尝不想过安居乐业的生活,不想愉快地劳动、全幸福地学习啊。所以,在我看来,那本牵动了他无限遐想的书,那作为幸福生活象征的灯的被点燃,既是一个事实,是一个生死攸关的抉择,也是一个令人叹惋的生命的悲剧。

再读第11段。

①一读:"这一仗,我们消灭了敌人的一个整编师。战斗结束后,我们把郝副营长埋在茂密的沙柳丛里。这位年轻的战友为了让孩子们能够在电灯底下学习,不惜牺牲自己的生命,他自己却没有来得及见一见电灯。"

注意,柳在中国文化里,是和惜别、不舍分离连在一起的,"茂密的沙柳丛"绝对不是可有可无的闲笔,多少伤感,多少悲壮,多少怀念,尽在其中。

②从第二句开始,再读:"战斗结束后,我们把郝副营长埋在

茂密的沙柳丛里。这位年轻的战友为了让孩子们能够在电灯底下学习，不惜牺牲自己的生命，他自己却没有来得及见一见电灯。"

四、朗读体会最后一段

郝副营长怀着对电灯之光的向往壮烈牺牲了，他最终也没有见到电灯。因此，当作者漫步广场，当璀璨的华灯如温柔的爱意照临于他的时候，当另一位走过广场的行人发出情不自禁的赞叹时，作者怎能不勾起深深的怀念！

1.请读最后一段：事情已经过去很长时间了。在天安门前璀璨的华灯下面，我又想起这位亲爱的战友来。

提示注意"很长时间""璀璨""亲爱"。

2.再读：事情已经过去很长时间了。在天安门前璀璨的华灯下面，我又想起这位亲爱的战友来。

五、总结

老师比较喜欢这篇文章还有一个原因，那就是从头到尾主导这篇文章的，是一种沉静柔和，或者还有淡淡的忧伤。

我以为，这沉静既源于对战友的怀念，也饱含了作者对于来之不易的和平宁静的珍惜。一般来说，只有亲身经历了战争残酷的人，才真真切切知道和平的可贵。

古今中外一个道理：胜利来之不易，和平来之不易！1937年，诗人艾青为悼念被杀害于上海龙华公园的革命烈士写道："人问：春从何处来？我说：来自郊外的墓窟。"套用一下，如果要王愿坚来写，华灯初照的时刻，漫步天安门广场，他可能会说："人问光从何处来，我说来自沙柳林中的坟茔！"

附录：

春
艾青

春天了
龙华的桃花开了
在那些夜间开了
在那些血斑点点的夜间
那些夜是没有星光的
那些夜是刮着风的
那些夜听着寡妇的咽泣
而这古老的土地呀
随时都像一只饥渴的野兽
舐吮着年轻人的血液
顽强的人之子的血液
于是经过了悠长的冬日
经过了冰雪的季节
经过了无限困乏的期待
这些血迹，斑斑的血迹
在神话般的夜里
在东方的深黑的夜里
爆开了无数的蓓蕾
点缀得江南处处是春了
人问：春从何处来？
我说：来自郊外的墓窟。

《为人民服务》
—— 教 学 设 计 ——

为人民服务

毛泽东

　　我们的共产党和共产党所领导的八路军、新四军，是革命的队伍。我们这个队伍完全是为着解放人民的，是彻底地为人民的利益工作的。张思德同志就是我们这个队伍中的一个同志。

　　人总是要死的，但死的意义有不同。中国古时候有个文学家叫做司马迁的说过："人固有一死，或重于泰山，或轻于鸿毛。"为人民利益而死，就比泰山还重；替法西斯卖力，替剥削人民和压迫人民的人去死，就比鸿毛还轻。张思德同志是为人民利益而死的，他的死是比泰山还要重的。

　　因为我们是为人民服务的，所以，我们如果有缺点，就不怕别人批评指出。不管是什么人，谁向我们指出都行。只要你说得对，我们就改正。你说的办法对人民有好处，我们就照你的办。"精兵简政"这一条意见，就是党外人士李鼎铭先生提出来的；他提得好，对人民有好处，我们就采用了。只要我们为人民的利益坚持好的，为人民的利益改正错的，我们这个队伍就一定会兴旺起来。

我们都是来自五湖四海，为了一个共同的革命目标，走到一起来了。我们还要和全国大多数人民走这一条路。我们今天已经领导着有九千一百万人口的根据地，但是还不够，还要更大些，才能取得全民族的解放。我们的同志在困难的时候，要看到成绩，要看到光明，要提高我们的勇气。中国人民正在受难，我们有责任解救他们，我们要努力奋斗。要奋斗就会有牺牲，死人的事是经常发生的。但是我们想到人民的利益，想到大多数人民的痛苦，我们为人民而死，就是死得其所。不过，我们应当尽量地减少那些不必要的牺牲。我们的干部要关心每一个战士，一切革命队伍的人都要互相关心，互相爱护，互相帮助。

今后我们的队伍里，不管死了谁，不管是炊事员，是战士，只要他是做过一些有益的工作的，我们都要给他送葬，开追悼会。这要成为一个制度。这个方法也要介绍到老百姓那里去。村上的人死了，开个追悼会。用这样的方法，寄托我们的哀思，使整个人民团结起来。

一、初读课文

了解写作背景。把文章读一两遍，思考：

1. 文章讲了哪几个方面的意思？
2. 有你喜欢的句子吗？如果有，画下来。
3. 有不懂的词语吗？如果有，标出来。

二、交流预习收获

三、组织议论

1.你们从前一定参加或者听过演讲,问:比起你们听过、参加过的演讲,感觉这篇演讲稿写得如何?

2.因为是面对来自穷苦人家的文盲战士的宣讲,所以演讲者的语言一是尽量朴素,二是尽量向大家传授革命的道理。

五段五个大道理,谁能告诉我?(学生很可能说不出来)毕竟隔着整整60年,年代的久远给我们的理解造成困难,这是你们的爷爷辈学过的"老三篇"(另外两篇为《纪念白求恩》《愚公移山》)之一啊!我们读一段说一段吧。

3.读一段讲一段。

(1)为人民服务是共产党和共产党领导的军队的宗旨。

(2)人死的意义有不同,像张思德那样的死重于泰山。

解句(人固有一死,或重于泰山,或轻于鸿毛)。

解词(法西斯)。

介绍司马迁。司马迁,西汉伟大的历史学家,《史记》作者,老师眼中上下5000年第一伟男子!希望你们将来能喜欢出现在教材里的他的文章,并且能在课余读读《史记》和他的自传性质的文字《报任安书》。本文引用的一句话就出自《报任安书》。同样著名的一段话还有:

> 盖文王拘而演《周易》;仲尼厄而作《春秋》;屈原放逐,乃赋《离骚》;左丘失明,厥有《国语》;孙子膑脚,《兵法》修列;不违迁蜀,世传《吕览》;韩非囚秦,《说难》《孤愤》;《诗》三百篇,大抵圣贤发愤之所为作也。

司马迁仗义执言受宫刑，含羞忍耻著《史记》。他的伟大成就和他纯洁的品质、超凡的人格是分不开的。上面是他于孤独耻辱中鼓励自己的话。

（3）为人民服务就不怕批评。

"精兵简政"：缩小机构，精简人员。目的是提高办事效率，减轻人民负担。

这篇文章从头到尾讲了"为人民服务"的道理，在我看来，要为人民服务，首先要让自己成为一个正直诚实、勇于接受批评的人。否则，一切无从谈起！

（4）革命同志要团结友爱。

五湖四海：指全国各地。

死得其所：死得有价值。

（5）为什么要开追悼会？

用追悼会的方式团结民众。

《延安，我把你追寻》
—— 教 学 设 计 ——

延安，我把你追寻

祁念曾

像翩翩归来的燕子，
在追寻昔日的春光；
像茁壮成长的小树，
在追寻雨露和太阳。

追寻你，延河叮咚的流水，
追寻你，枣园梨花的清香，
追寻你，南泥湾开荒的镢头，
追寻你，杨家岭讲话的会场。

一排排高楼大厦像雨后春笋，
一件件家用电器满目琳琅；
我们永远告别了破旧的茅屋，
却忘不了延安窑洞温热的土炕。

宇宙飞船探索太空的奥秘，
电子计算机奏出美妙的交响；
我们毫不犹豫丢掉了老牛破车，
却不能丢宝塔山顶天立地的脊梁。

延安，你的精神灿烂辉煌！
一旦失去了你啊，
那就仿佛没有了灵魂，
怎能向美好的未来展翅飞翔？

啊！延安，我把你追寻，
追寻信念，追寻金色的理想；
追寻温暖，追寻明媚的春光；
追寻光明，追寻火红的太阳！

一、结合"阅读提示"介绍背景，初读

同学们对于延安有哪些了解？

从 1935 年至 1948 年，延安是中国共产党党中央所在地。在此之前，党中央的所在地是江西革命根据地。长征结束后，中国共产党的领导机构迁到延安，在抗日战争和解放战争中，由弱而强，从胜利走向胜利，先是国共合作战胜了日本帝国主义，然后打败蒋介石，取得了中国革命的胜利，于 1949 年建立了中华人民共和国，开始了中华民族历史进程的新篇章。

1935 年到 1948 年的十几年，在时间的长河里是短暂的瞬间，可是，对于中国而言，却是经历着前所未有的剧烈震荡的十几年，

其中一个重要的震源，就是延安，贫瘠的黄土高原上一个偏僻的小城，因为那里是中国共产党中央所在地。

1948年，国民党胡宗南部大军压境围攻延安，要彻底"剿灭"党中央，毛泽东带领党中央大踏步地后退，撤离延安，把虚假的胜利留给了胡宗南，这一撤，就一直"撤"进了北京，"撤"出了天安门广场上的开国大典。从此，党中央的所在地定为北京。

时间距离党中央撤出延安已经过去半个多世纪了，小米加步枪的时代早已成为历史博物馆里的陈列，中国也早已不是当年的中国，作者为什么要追寻延安——他究竟追寻的是什么？

轻声读诗一遍，思考问题。把不懂的地方画出来，把感觉含义深刻的句子也画出来。

二、齐读全诗

三、读第一段，读出急切的心情

四、读第二段，问：是否有不懂的地方

延河：流经延安的一条河流。

枣园：毛泽东、周恩来、朱德、刘少奇、彭德怀等中央领导人的故居。

南泥湾：延安所在的黄土高原是极度贫瘠的，那里自古以来就是饥荒之地，当国民党知道红军长征突破围追堵截到达延安的时候他们放心了，当外国政治和军事要员知道这一情况之后，也等着看悲剧的发生，他们和国民党一致认为：从此以后，只要将延安严密地封锁起来，红军的几千人终会因为生活资料的极端匮乏而饿死在这里！当时的实际情况也确实很严重，刚到延安的时候，已是北方

的初冬，红军将士衣衫褴褛，都打着赤脚。

在这种情形之下，毛泽东提出了"自力更生、丰衣足食"的口号，大胡子将军王震领导的359旅在南泥湾开荒种地，将一片贫瘠荒凉之地，建设成了塞外的江南。当时，从毛泽东到普通战士都分配了纺织任务，八路军上下一心，一边战斗一边生产，硬是粉碎了国民党的封锁，像最能吃苦的红高粱一样，在那片土地上，不仅生存下来了，而且不断发展壮大，这是一个军事奇迹。关于这一事件，歌唱家郭兰英有一首著名的歌曲《南泥湾》如此唱道："花篮的花儿香，听我来唱一唱。……来到了南泥湾，南泥湾好地方。……如今的南泥湾，与往年不一般。再不是旧模样，是陕北的好江南……"

杨家岭：党中央办公开会的地方，当时革命的中心，很多关系中国命运的重大决策就是在这里作出，从这里影响全国的。

五、再读，问：追寻的是什么

是不怕困难、团结合作、艰苦奋斗、自力更生的精神。靠着这种精神，曾经弱小的革命力量终于取得全国范围的胜利。现在，我们面临严峻的国际竞争，面对艰巨的建设任务，要想让我们的国家立于不败之地，一刻也不能丢了艰苦奋斗和上下一心的精神。

六、读三、四两段，体会不能丢的延安精神（"土炕""脊梁"代表什么）

七、读五、六两段，再次强调延安精神的重要性
教师议论。

其实，在我看来，片面强调今天的优越、当年的艰苦也是不对的。一代人有一代人的苦，祖辈父辈的苦表现在物质的匮乏上，他们小时候吃得差，穿得差。你们的苦则表现在学习压力和成长环境的不够安全、不够清洁上。比如说我吧，由于开荒种地，小时候我的掌上就结了茧，可是我从不在儿子跟前忆苦思甜，因为我知道，儿子和他的同学的老茧长在这里（中指侧），相比于我在田里劳作，在山上砍柴，在河里逮鱼，对于孩子而言，他们小小年纪一天伏案十几个小时的攻读更苦。一旦背上书包，就好比负上了一座大山啊，近视的孩子越来越多，近视人的年龄越来越小；颈椎病原来是中老年疾病，现在，青少年患这种病的越来越多。这真是令人忧心的问题！你们的茧不仅仅结在这里，而且结在这里（指心）。说你们身在福中不知福的人，是残忍和盲目的。

所以，处在相对狭窄的生活空间，立在相对贫瘠的情感土壤，负着不该你们承受的学习的压力，孩子们，你们要发展自己，强大自己，还真的需要延安精神啊！越是艰苦越向前，越是竞争越团结！否则，你们先就在精神的世界里萎缩窒息了。

八、再读此诗

九、拓展

下面，老师给你们念一首诗，题目是《他饮食珍贵的文字》。共念四遍，前两遍你们安静地听，后两遍试着跟我念，我相信到四遍结束，必定有同学可以背诵。我先将几个关键词语写在黑板上。（饮食、强壮、贫困、沮丧、跳着舞、飞翔、自由、束缚）

他饮食珍贵的文字

狄金森

他饮食珍贵的文字
他的精神变得强壮
他再不觉得贫困
他再不感到沮丧
他跳着舞过黯淡的日子
使他飞翔的只是一本书
能有多么大的自由
精神摆脱了束缚

1. 先交流互相补充，然后请两人背诵。

2. 一方面根据自己的记忆，一方面互相帮助，将诗写出来，念一念，就能背熟。

3. 齐读《他饮食珍贵的文字》。

4. 这是我深深喜爱的一首诗，作者是美国女诗人狄金森。感觉暗淡疲惫的日子里，我经常用它来勉励自己，送给大家，希望大家喜欢。

《向往奥运》
— 教 学 设 计 —

向往奥运

肖复兴

2001年7月13日，对于中国，对于北京，真是个特殊的日子。前两天，就有记者问我，如果这一天在莫斯科的投票我们胜出了，终于获得了2008年奥运会的举办权，你的心情会怎样？我说我当然会很高兴，很激动。如今，好梦成真，我真的很高兴，很激动。其中的原因，除了有我和大家共同的感情之外，还有一点，就是我当过整整十年的体育记者，我曾经采访过1992年巴塞罗那奥运会，和体育、和奥运会有着一份特殊的感情。我亲身体味到，一个国家，一座城市，能够举办一次奥运会，该是一件多么了不起的事情。

我很难忘记巴塞罗那奥运会结束的那一天的夜晚，走出蒙锥克体育场，沿蜿蜒山路下山，来到蒙锥克山脚那巨大的喷水池旁，看水花四溅，飞扬起冲天的水柱，在夜灯映照中流光溢彩。我猛然听到随水柱飞扬起奥运会嘹亮的会歌旋律，真是感动不已，忽然觉得那一瞬间旋律如水般清澈圣洁，沁透心脾。我知道那是只有体育才迸发的旋律，是体育才具有的魅力，是体育才能给予我的情感。我发现几乎所有的人都和我一样，在那飞迸的泉水和旋律面前停住了脚步，禁不住抬起头来望着那透明的水柱和星光灿烂的夜空。我的心中产生一种从来没有过的感觉：一个国家、一座城市能够举办一次奥运会，会使得这个国家、这座城市和这里的人民变得多么美好。那一刻你就会明白，体育不仅仅是体育，它以自身特殊的魅力影响着一切。

人们常说竞技体育是一种艺术。竞技体育，确实含有艺术的成分，比如它的力与美，速度和造型。体育和艺术表演的最大区别之一，在于体育比赛的紧张、激烈。当然，艺术也有比赛，比如歌咏比赛、舞蹈比赛、钢琴比赛，但艺术的比赛是无法同体育比赛等量齐观的，只有体育比赛的锱铢必较，在零点零几秒和零点零几厘米中决胜负，才具有难得的公正性、公开性、公平性和客观性。竞技体育是面对世界所存在的种种强权、种族歧视和金钱掩盖下的不公平的一种抗争，一种理想。

能够置身奥运会之中，能够亲自采访奥运会，确实是一种难忘而美好的经历。在电视里看到萨马兰奇宣布2008年奥运会的举办城市是北京的时候，心底里蓦地涌出一种渴望，我渴望能够有机会采访我们自己的国家举办的奥运会，那将是一次更加难忘而美好的经历。从巴塞罗那回来，我写了一本小书《巴塞罗那之夏》。在熟悉的北京采访自己举办的奥运会，我想会带给我不一样的激情和灵感，写出一点新的东西。我突然涌出这样强烈的渴望，这是很少出现过的。

这时，我想起了曾经采访过的瓦尔德内尔和刘国梁、邓亚萍和玄静和、李宁和李小双、高敏和伏明霞、栾菊杰和肖爱华，还有我国男子花剑三剑客叶冲、董兆致、王海滨，当然，还有我们的女足和女垒的姑娘们，还有布勃卡、德弗斯、刘易斯、埃文斯、索托马约尔、奥蒂、吉普凯特、莫塞利……我怀念采访他们的那些日子，他们让我感到了青春，感到了力量，感到了友谊，感到了和平。我知道2008年北京奥运会到来的时候，他们和我一样都老了，但我仍然渴望着在采访新一代年轻的运动员的同时和他们相逢。我们会一起看到青春的循环连接着奥运的五环，让这个已经越发苍老的地球迸发着勃勃的朝气。在那一刻，体育所迸发的奥林匹克精神，确实在超越着不同的国家、不同的民族、不同的肤色而连接着世界的和平、友谊、进步和发展。

记得很清楚，在巴塞罗那奥运会结束的第二天上午，我特意又上了一趟蒙椎克山，专门去看看体育场，看看曾经举行奥运会开幕式、闭幕式和许多次比赛的体育场。除了正在拆除看台上为奥运会搭设的一些脚手架的工人之外，空荡荡的只有我一个游人和热辣辣的阳光以及一片绿草坪。那时，我们正在积极申请举办2000年奥运会，站在那里我就在想，快了，快到我们国家也能够承办这样一次美好奥运会的时候了。

这一天终于到来了。

一、初读

2001年7月13日，傍晚，无数人守候在电视机和收音机边，等候一个庄严时刻。在莫斯科，当国际奥委会主席萨马兰奇先生宣布"胜利者——北京"时，举国欢腾！不仅仅是北京成了欢乐海洋，全国很多地方的很多城市都沉浸在狂欢之中。激动、高兴、自豪，这是每一个中国人当时的心情，作家肖复兴也不例外。可是和我们相比，他的向往似乎更真切，也更热忱一些，为什么？因为他有和我们不一样的特殊经历，是什么样的特殊经历呢？读书找出答案，并且画出你喜欢的句子。

二、汇报初读收获

肖复兴具有什么样的特殊经历呢？

找出书中句子，朗读回答。（学习第1段）

三、学习本文选材的新颖

作为体育记者，在1992年的巴塞罗那，作者必定观看过很多激动人心的比赛，采访过很多大名鼎鼎的运动员，也必定经历过很多热血沸腾的时刻。可是，在那个沸腾的城市的沸腾的日子里，令作者怦然心动的，久久不能忘怀的，偏偏是一个特殊时候的特殊场面，在那一刻，作者对奥运会的向往是前所未有的热切和强烈。是什么时候的什么场景？在文中找出来，读给我们听。（读第2段）。

不写阳光灿烂下的喧嚣和欢腾，不写锱铢必较的竞争，不写人潮如海的观众，一心一意写夜晚时分，城市的安静和美好——因为奥运会在这里举办具有的圣洁和美好。那种美好感动了作者，也感动了所有在场的人。我想，在场的人必定来自不同国家，看到因为庄严的人类盛事而变得圣洁的巴塞罗那，他们必定都想到自己遥远的祖国，都希望自己的祖国，最好是自己所在城市也能举办奥运会！（齐声再读）

四、讨论体育的特殊魅力

我想知道，关于体育的特殊魅力，你们有什么感受？（如果没有回答）我先说：射门瞬间，相拥而庆，跪地滑行；冲浪玩大海于股掌，海似蓝缎；姚明所代表的"中国人"形象；贝克汉姆的偶像作用，使足球变得优雅绅士；邓亚萍善打逆风球；泰德·伍兹的尊严；瓦尔德内尔的王者风范；李小双的"如果我做得足够得好"；乔丹最后几秒的奇迹，超凡的心理素质；巴乔只要有球踢就行……

讨论汇报。

五、拓展

体育总是和运动员和具体的人联系在一起的。我们刚才说的其实都是竞技高超同时具有特定人格魅力的优秀运动员。这样的运动员，作者接触过很多，在第5段也提到不少（教师读运动员名字），你们知道他们都是从事什么项目的吗？（学生说）我必须诚实地告诉你们，有些我不知道，我们可以在课后深入了解。对他们，作者表达了敬意和思念，齐读从"我怀念采访他们的那些日子……"

六、讨论奥运精神的含义

1.这里说到了奥运五环以及和平、友谊、进步、发展的奥运精神。告诉我，五环代表了什么？（讨论）

2.关于奥运，你还知道哪些知识？教师提示，比如它的起源，

它的格言，圣火的来历，最近几届在哪里举行，你知道哪些奥运会冠军，马拉松长跑，等等。（讨论交流）

3.教师总结：需要强调的是，奥运精神是和平、友谊、进步、发展——人的发展。我们知道瑞士是世界上最富裕的国家之一，他们参加奥运会，从来没有拿过金牌，但他们一样沐浴在奥运会的阳光之中，因为在他们的国家里，平均500个居民就拥有一个运动场！因为全体公民都健康强壮的时刻，就是奥林匹克阳光普照在这个国家的时刻。在我国，奥林匹克运动提倡人的和谐发展的精神，也将越来越深入人心。从这层意义上，我向往奥运。

课文最后一段，写出了这种热切，请读。

《詹天佑》
—— 教 学 实 录 ——

詹 天 佑

  詹天佑是我国杰出的爱国工程师。从北京到张家口这一段铁路，最早是在他的主持下修筑成功的。这是第一条完全由我国的工程技术人员设计施工的铁路干线。

  从北京到张家口的铁路长200千米，是联结华北和西北的交通要道。当时，清朝政府刚提出修筑的计划，一些帝国主义国家就出来阻挠，他们都要争夺这条铁路的修筑权，想进一步控制我国的北部。帝国主义者谁也不肯让谁，事情争持了好久得不到解决。他们最后提出一个条件：清朝政府如果用本国的工程师来修筑铁路，他们就不再过问。他们以为这样一要挟，铁路就没法子动工，最后还得求助于他们。帝国主义者完全想错了，中国那时候已经有了自己的工程师，詹天佑就是其中一位。

  1905年，清政府任命詹天佑为总工程师，修筑从北京到张家口的铁路。消息一传出来，全国都轰动了，大家说这一回咱们可争了一口气。帝国主义者却认为这是个笑话。有一家外国报纸轻蔑地说："能在南口以北修筑铁路的中国工程师还没有出世呢。"原来，从南口往北过居庸关到八达岭，一路都是高山深涧，悬崖峭壁。他们认为，这样艰巨的工程，外国著名的工程师也不敢轻易尝试，至于中国人，是无论如何也完成不了的。

詹天佑不怕困难，也不怕嘲笑，毅然接受了任务，马上开始勘测线路。哪里要开山，哪里要架桥，哪里要把陡坡铲平，哪里要把弯度改小，都要经过勘测，进行周密计算。詹天佑经常勉励工作人员说："我们的工作首先要精密，不能有一点儿马虎。'大概''差不多'，这类说法不应该出自工程人员之口。"他亲自带着学生和工人，扛着标杆，背着经纬仪，在峭壁上定点、测绘。塞外常常狂风怒号，黄沙满天，一不小心还有坠入深谷的危险。不管条件怎样恶劣，詹天佑始终坚持在野外工作。白天，他攀山越岭，勘测线路；晚上，他就在油灯下绘图，计算。为了寻找一条合适的线路，他常常请教当地的农民。遇到困难，他总是想：这是中国人自己修筑的第一条铁路，一定要把它修好；否则，不但惹外国人讥笑，还会使中国的工程师失掉信心。

铁路要经过很多高山，不得不开凿隧道，其中数居庸关和八达岭两条隧道的工程最艰巨。居庸关山势高，岩层厚，詹天佑决定采用从两端同时向中间凿进的办法。山顶的泉水往下渗，隧道里满是泥浆。工地上没有抽水机，詹天佑就带头挑着水桶去排水。他常常跟工人们同吃同住，不离开工地。八达岭隧道长一千一百多米，有居庸关隧道的三倍长。他跟老工人一起商量，决定采用中部凿井法，先从山顶往下打一口竖井，再分别向两头开凿，外面两端也同时施工，把工期缩短了一半。

铁路经过青龙桥附近，坡度特别大。火车怎么才能爬上这样的陡坡呢？詹天佑顺着山势，设计了一种"人"字形线路。北上的列车到了南口就用两个火车头，一个在前边拉，一个在后边推。过青龙桥，列车向东北前进，过了"人"字形线路的岔道口就倒过来，原先推的火车头拉，原先拉的火车头推，使列车折向西北前进。这样一来，火车上山就容易得多了。

京张铁路不满四年就全线竣工了，比原来的计划提早两年。这件事给了藐视中国的帝国主义者一个有力的回击。今天，我们乘火车去八达岭，过青龙桥车站，可以看到一座铜像，那就是詹天佑的塑像。许多到中国来游览的外宾，看到詹天佑留下的伟大工程，都赞叹不已。

一、学生自读

教师巡视，发现"蔑"字学生没有学过，在黑板上注音。

二、师生交流，加深对人物的了解

教师：刚才我们已经将课文初读了一两遍。这篇课文的主人公是（指所板书的课题）——

学生：詹天佑。

教师：关于詹天佑，我想知道同学们对他是否有所了解。有知道的吗？请告诉我们。

学生1：他是我国第一位工程师。

教师：我国第一位铁路工程师。很好，很勇敢。还有说的吗？

学生2：我知道，他家的长辈里，大概是叔叔吧，就是搞技术工作的，经常给他讲科技方面的事情，他从小就对科学感兴趣。

教师：是吗？记得我读过一篇文章，文中说他从小就喜欢把闹钟什么的拆开了做研究。

学生3：他主持修筑了我国第一条铁路。

教师：这，正是这篇课文的内容——主持修筑中国第一条铁路：京张铁路。还有吗？没有了，好，老师补充一点。这位同学，告诉我，你今年多大了？

学生：12岁。

教师：虚岁？实岁？

学生：嗯……实岁。

教师：这位同学，你呢？

学生：13岁，虚岁。

教师：知道詹天佑出国留学的时候多大吗？

学生：不知道。

教师：11岁！和你们相仿的年纪。现在的你们，正享受着父母的呵护。我教《詹天佑》，这是第四回了，这次的感觉，和从前都不相同，因为我儿子15岁了。我家住在郊区，离市区二十公里，他11岁的时候，一个人乘车进城我都不放心。11岁的詹天佑，孤身一人，漂洋过海，寄居在美国的一个家庭，异国求学，一去8年。同一批经考试出洋的孩子都差不多大。为什么呢？鸦片战争之后，列强瓜分中国，九州大地，狼烟四起，清政府也意识到科技落后，人才缺乏是中国积贫积弱的重要原因，于是他们招募选拔才俊之士外出求学，可是他们又担心这些人学成之后，就在当地娶妻生子，生根发芽，不再回来。应当说这种担心绝非多余，西方无论是物质生活待遇，还是科研工作条件和精神自由方面，都比当时的中国强。对于科学家而言，最有诱惑力的，是可以自由地从事科学工作。

于是，清政府就想出这么一个比较孩子气的策略：派小孩子留学，8年之后，20岁不到，在中国早婚早育，20岁可能已经结婚；可是在西方，20岁离j结婚、离成家立业还远着呢！到时候，我切断你的经济来源，你必须回来。于是就有了这么一批娃娃留学生。我们常说，国家兴亡，匹夫有责。其实，国家的兴衰，何止是匹夫，就是小孩子，也同其枯荣啊。当一个国家极端衰弱的时候，连她的儿童，也要分担落后的巨痛。遭受痛苦了、遇到挫折了，向谁诉说？中秋节、春节，和谁团聚？成功了，开心又有谁来分享？就这样，詹天佑经历了8年刻苦学习，毕业于美国耶鲁大学土木工程和铁路工程系，学成回国，将自己所学回报灾难深重的祖国。我们再念课题——

学生：詹天佑

教师：其实，詹天佑的一生中，值得书写的事情有很多。作者只截取了他一生中最辉煌的一页，那就是——

学生：主持修筑京张铁路。

三、抓住课文难点，确定学习路径

教师：沧海横流，方显英雄本色。如刚才那位女同学所说：提起詹天佑，就必须提起一条铁路——京张铁路。这不是一条寻常的铁路，200公里路程中，遇到了太多的困难。然而，作者只从中选取了最艰难的三件事情来写。请快速地浏览课文，告诉我，是哪三件事？

学生：第一件是到处都是悬崖峭壁，修路十分危险和困难；第二件是岩层厚，山顶的泉水往下渗，詹天佑就和工人一起挑着水桶排水；第三件是通往八达岭的那条路，坡度特别陡，火车很难爬上去。

教师：詹天佑是怎么应对的？

学生：詹天佑设计了一条"人"字形的线路。

教师：这位同学说得很好，比较全面。现在，我来归结一下：修筑铁路，第一要做的就是勘测线路，在这个过程中，遇到并克服了很多困难。第二个难关是开凿居庸关、八达岭隧道。第三是设计"人"字形线路，使火车爬上陡坡。哦，我们还忘记了一件事情，请大家给课文自然段标上序号，这样我们学习起来就会方便不少。

（学生标出7段的序号）

教师：现在我们找一找，叙述克服三大困难的内容在哪几段？

学生：在第4、5、6段。

教师：很好。现在，我们的学习有两条路可以走。一是按部就班，沿课文的叙述顺序学习；二是直接切入最难的三件事，和詹天佑一起克服困难，修筑铁路。我想问一下，你们愿意走第一条路还是第二条路？

学生：先修铁路。

教师：是走第二条路吗？

学生：是的。

教师：大多数都同意这样吗？

学生：是的。

教师：好，我们就这么学。

四、学习第4段"勘测线路"

教师：我请一位同学读第4段，谁愿意读？好，你请，声音大点。

学生（读）：詹天佑不怕困难，也不怕嘲笑，毅然接受了任务，马上开始探测线路……

教师：是"勘测线路"。勘，勘测。

（学生读第4段）

教师：我们知道，描写人物的方法通常有语言描写、动作描写和心理活动描写。在这一段里，注意到詹天佑所说的话了吗？

学生：注意到了。

教师：有几处？

学生：两处。

教师：分别是在什么情况下说的？

学生：第一次是对工作人员说的，第二次是他勉励自己。

教师：一次是对别人说的，一次是勉励自己。回答得真好。我们读詹天佑对工作人员所说的话，看见冒号后面的话了吗？

学生：看见了。

教师：开始！

学生："我们的工作首先要精密，不能有一点儿马虎。'大概''差不多'，这类说法不应该出自工程人员之口。"

教师：这话是对谁说的？

学生：工作人员。

教师：说这话的时候，詹天佑的身份是老师，也是领导。一个大的工程，其实就是一所学校。老师的家乡在安徽佛子岭，那里有著名的佛子岭水库，被称为中国第一所水利工程师的学校。京张铁路的修筑，使中国有了第一批自己的铁路工程师，所以，在这里，詹天佑传授的不仅是技术，更是爱国的心。这种爱国之心，在他下面的一段话里更能体现出来。看见那段话了吗？

学生：看见了。

教师：我们试着读一读，开始！

学生（读）："这是中国人自己修筑的第一条铁路，一定要把它修好；否则，不但惹外国人讥笑，还会使中国的工程师失掉信心。"

教师：在很多情况下，当我认为我行的时候，我就真的能行了！谈谈信心对人的作用吧。讨论一下，尽量用生活和学习中的事例说明。

学生1：信心能给人战胜困难的勇气。

学生2：有两个学习很好的同学，他们之间有时候这个人考得好些，有时候那个人考得好些。如果这个人认为自己不如那个人，这个人以后很可能就真的不如那个人了；那个人呢，他相信自己行，他就会考得更好些。也就是说，信心能使人顶住压力，取得成功。

教师：说得真好。信心能使人战胜压力，取得成功。

学生3：爸爸带我爬双杠，上到一半的时候，我觉得自己不行了，手一软就掉下来了。

教师：哦，因为没有信心，你就失败了。这位同学，别急着坐下去，起来，我们接着探讨一下爬双杠的问题。你说你爬到一半，觉得自己不行了，手一软就掉下来了。我很想知道，之后你有没有再试？

学生：试了。

教师：爬上去了吗？

学生：爸爸在一边鼓励我，我最后爬上去了。

教师：我们谈谈你第一次失败和第二次成功的关系。告诉我，这第一次的掉下来，对于你第二次的爬上去，它的影响是什么？是使你更有力量了，还是需要鼓起更大的勇气才能上去呢？

学生：掉过一次之后，我必须鼓起更大的勇气，才能上去。

教师议论：是啊，信心，对于一个人，对于一个国家是多么重要。老师这里也举个例子。知道武松打虎吗？

学生：知道。

教师：那只吊睛白额大长虫，那头吃掉二三十条大汉的猛虎，武松是怎么打死它的？

学生：赤手空拳。

教师：铁锤般的拳头，五六十拳，打死了老虎。因为有信心，赤手空拳也能打虎。修筑京张铁路在哪一年？

学生：1905年。

教师：将来学习历史，我们就会知道，鸦片战争发生在1840年。从1840年到1905年，多少年过去了？

学生：100年。

教师：100年？不会吧？

学生：99年。

教师：唉，是65年啊。一百以内的加减法，应当是难不倒你们的。紧张了，是不是？65年的国际较量中，在政治、军事、经济、外交等几乎所有领域，皆以中国人的赔银割地宣告结束。人常说"成功难，失败更难"，意思是成功固然要付出艰辛，如果你失败了，从头再来，将是加倍的艰难。屡败屡战、屡战屡败的65年中，中国人的信心和勇气已是丧失殆尽。现在詹天佑顶着巨大的压力，受任于危难之际，他就是要为中国人争一口气。请读！

学生（读）："这是中国人自己修筑的第一条铁路，一定要把它修好；否则，不但惹外国人讥笑，还会使中国的工程师失掉信心。"

教师：爱国是具体的。我们现在努力学好祖国的语言文字，就是我们的爱国行动。作为科学家，詹天佑就是要用他的智慧、汗水乃至生命，为国人点燃一星微弱的信心之火。

五、学习第 5 段"开凿隧道"

教师（画图）：这是两个需要开凿隧道的地方，告诉我，分别是哪里？（图两幅）

学生：居庸关和八达岭。

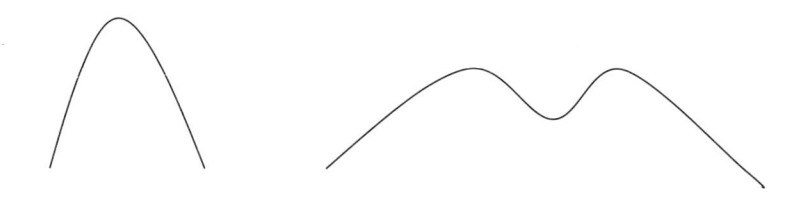

教师：看课文第 5 段，先看居庸关隧道的开凿情况，用笔在下面画一画，体会两端凿进是怎么回事。先画出来的，上来标给我们看。这位女生，你举手了，请上来。

（女生上来，标出两端凿进示意图）

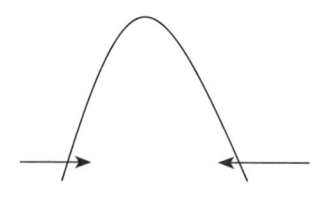

教师：如果不用两端凿进，有几个工作面？

女生：一个。

教师：现在呢？

女生：有两个工作面了。

教师：这样做的好处是什么？

女生：提高了凿进速度，省时间了。

教师：下面的你也画吗？

女生：下面的我还没有想好。

教师：哈哈，你还没想好。谁来做？哦，那位男生，你请上。

（男生标出中部凿井法示意图）

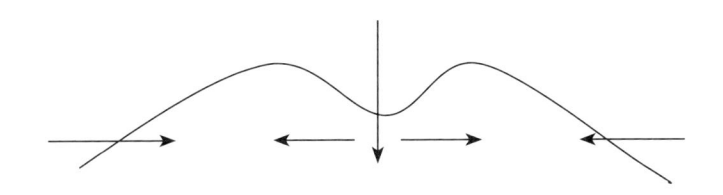

教师：现在，有几个工作面了？

男生：嗯，四个。

教师：为什么这样做？

男生：八达岭隧道是居庸关的三倍长，这样就可以加快工程速度了。

教师：很好。这就是第5段的内容：开凿隧道。说的是两处隧道，所以呢，这一段，也就相应可以划分为两个层次。拿出笔来，用一条线，将两个层次隔开。哦，那位男生举手了，告诉我们，你标在哪里？

学生：在"不离开工地"的后面。

教师：都同意吗？

学生：同意。

教师：好，我们分拨读这一段，一、二两组的同学，你们负责开凿居庸关隧道;三、四两组的同学,你们负责开凿八达岭隧道。准备好了吗?

学生:准备好了。

教师:开始!

(学生读第5段)

六、学习第6段"设计'人'字形线路"

(阅读体会第6段内容。然后教师画出"人"字道。标出南口,青龙桥,岔道口,东北、西北方向。在南口,火车加一个头,原有的A头在前面拉,后挂上的B头在后面推,向东北去,目的是要使火车爬上西北方向的陡坡)

教师:看课文,对照黑板上的示意图,想一想,画一画——最终,火车是怎样曲折向西北前进的?可以讨论。哦,有一位同学已经知道了,不着急,我们等一等其他同学,好吗?

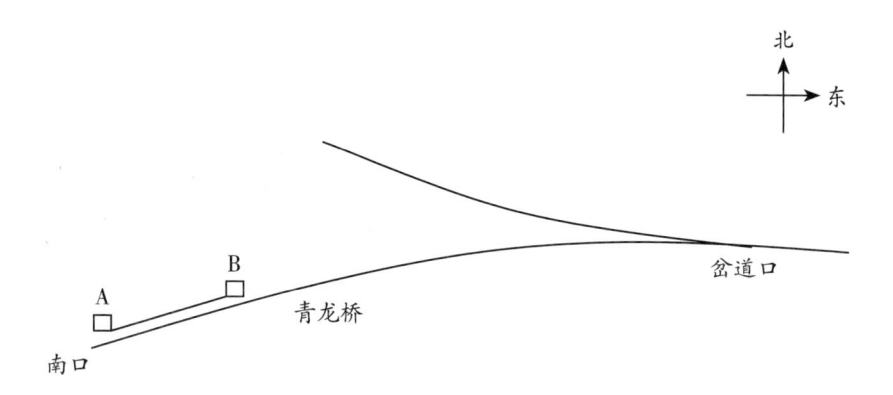

(学生讨论,画图)

教师:嗯,你也知道了,你也知道了,很多同学都知道了。这位女生,你请上。

(女生边画边讲解"人"字形线路图的设计原理,讲得很好)

```
         B        A
         □        □
                岔道口

南口      青龙桥
```

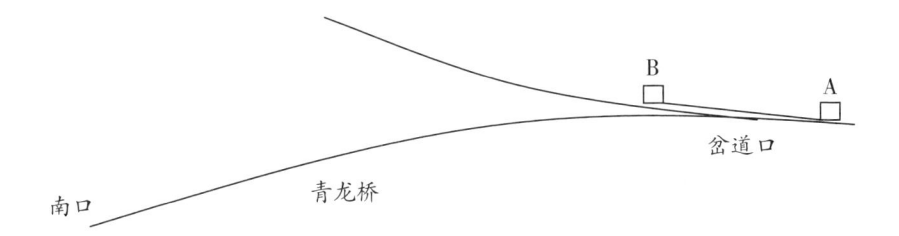

教师：说得真清楚啊，我们给她掌声。我必须承认，给你们上这一课，我感觉十分轻松，准备好的许多解说的话，现在都不需要了。来，我们总结一下，火车到南口，加一个车头B，原有的A头在前面拉，后挂上的B头在后面推，往东北方向去；过青龙桥，过岔道口，是不是要一直开下去？

学生：不，不是，要往西北去。

教师：对，过了岔道口，就倒过来，往西北开去了。现在，我们再看A头和B头，情况怎么样了？原先推的B头现在干什么？

学生：在前面拉。

教师：原先在前面拉的A头呢？

学生：在后面推。

教师：就这么简单！可是，最初想到这种设计的人，是多么了不起。这就像一个著名的航海家做的，他问人家，如何把一个鸡蛋立起来，没有人能做到。他做到了：很简单，把鸡蛋往桌上轻轻一磕——大家一看，都会了，都知道了。可是在此之前呢？谁都没有想到。这，就是智慧之美。看第6段，我们读。

（学生齐读第6段）

七、学习第7段

教师：两端凿进，解决了居庸关隧道岩层特别厚的困难；中部凿井，解决了八达岭隧道特别长的困难；加上"人"字形线路的创造性设计——就这样,詹天佑完成了很多外国工程师都认为很难完成的任务,不但完成了,而且完成得怎么样?

学生:完成得很好!

教师:哈哈哈。确实很好啊。让我们看书,用书上的话来回答吧。谁来告诉我们?

学生(读):京张铁路不满四年就全线竣工了,比原来的计划提早两年。

教师:你接着读。

学生:这件事给了藐视中国的帝国主义者一个有力的回击。

教师:请你把这句话再读一遍。

(学生再读)

教师:接着读。

学生:今天,我们乘火车去八达岭,过青龙桥车站,可以看到一座铜像,那就是詹天佑的塑像。

教师:请再读一遍,想想该怎么读。

(学生再读)

教师:请继续。

学生:许多到中国来游览的外宾,看到詹天佑留下的伟大工程,都赞叹不已。

教师:赞叹不已!再读这一句。

(学生再读)

教师:他读完了这一段。中间,我有三处让他停下来重读,注意这三处,想一想老师让他重读的原因是什么,我们齐读。我能从你们的朗读中知道,需不需要讲出其中的原因。如果你们读得好了,就说明我不需要讲了。

(学生齐读第7段)

八、扣住"回击"学习第3段

教师：刚才我们读到一个词——"回击"。这个词有哪些近义词？

学生：反击、打击。

教师：这里为什么要用"回击"？

学生：因为帝国主义者认为，这是一个笑话。

教师：一个笑话？告诉我们，你说的是哪一段文字？

学生：第3段。

教师：好，我们跟着你，我们来学第3段。

教师：这位同学，你接着读。

学生（读）：有一家外国报纸轻蔑地说："能在南口以北修筑铁路的中国工程师还没有出世呢。"

教师：注意"轻蔑"一词，再读双引号里的话。

学生："能在南口以北修筑铁路的中国工程师还没有出世呢。"

教师：我们齐读这句话。

（学生齐读）

教师：下面的我来读，请注意我读到的哪些词语，让你感到耳熟了。（读）原来，从南口往北过居庸关到八达岭，一路都是高山深涧，悬崖峭壁。他们认为，这样艰巨的工程，外国著名的工程师也不敢轻易尝试，至于中国人，是无论如何也完成不了的。（问）哪些词让你觉得耳熟了？

学生1：高山深涧、悬崖峭壁。

学生2：居庸关、八达岭。

学生3：南口。

教师：对。这让我们想到了，高山深涧和悬崖峭壁间的勘测线路；想到了两端凿进和中部凿井；想到了"人"字形线路的设计。这些困难，发达国家的工程技术人员早就预见到了，他们也不敢轻易尝试。所以他们认为我们不可能成功，他们嘲笑我们。谈一谈，你们认为外国人的嘲笑有理由吗？

学生1：有理由，因为当时的清政府腐败无能。

学生2：没有理由。因为帝国主义者对中国的情况还不了解，我们已经有自己的铁路工程师了。

学生3：有理由，因为中国当时太落后。

学生4：没有理由，因为我们已经有詹天佑了。

学生5：有理由，因为虽然有一个詹天佑，但那么多困难不是他一个人能克服的。

学生6：没有理由，中国人是有志气的！詹天佑是有志气的！

教师：这么多的人想发言，可惜由于时间关系，我们只能请两位同学说了。

学生7：有理由，中国不仅仅科技落后，政府更是腐败。如果政府是腐败的，光有几个科学家有什么用呢？

学生8：有理由，因为这是第一条完全由中国人自己修筑的铁路。在这之前，中国的铁路都是外国人设计修筑的。这是第一条完全由中国人自己修筑的铁路，而且还那么难，外国人认为很多困难他们都不能克服，中国人当然更不行了。

教师：是啊，如果政府是腐败的，光有几个科学家有什么用呢？正如留学对于11岁的儿童而言太早了一样，58岁去世对于科学家而言也太早了呀。由于社会的黑暗、政府的腐败等原因，詹天佑积劳成疾，58岁就离开了人世。在修筑京张铁路的过程中，他遇到的很多困难其实都是工程技术以外的。比方说，铁路要经过一家人家的坟地，如果从那里经过，铁路线就是直的，可是人家不许，不许铁路就要绕弯子，费时，费工，他就得和人家进行艰苦交涉。类似的事情，他经历了太多。所以我同意刚才那位同学的话，在一个黑暗腐败的国家里，科学家要做成一些事情，是很难的。国家要发展，光靠科学家的爱国热情是不够的。好，我们看帝国主义嘲笑之前的文字。谁来读？

学生（读）：1905年，清政府任命詹天佑为总工程师，修筑从北京到张家口的铁路。消息一传出来，全国都轰动了，大家说这一回咱们可争了一口气。

教师：同学们，设想一下，如果你是詹天佑，一方面是举国欢腾、奔走相告，一方面是无情的、有理由的嘲笑，你会有什么感觉？

学生1：害怕，担心。

学生2：发誓一定要修好。

教师：有很重的压力，是不是？担心修不好，决心一定要修好，是不是？因为事关重大啊。此时此刻，我们是不是更能体会到詹天佑的心情？在哪里？找到了吧？谁读？

学生（读）："这是中国人自己修筑的第一条铁路，一定要把它修好；否则，不但惹外国人讥笑，还会使中国的工程师失掉信心。"

教师：齐读。

（学生齐读）

九、读第1段，结束学习

教师：现在，带着对詹天佑的了解和敬意，我们读开头一段。詹天佑是我国杰出的爱国工程师……

（学生齐读第1段）

教师：再读最后一句话。

学生：这是第一条完全由我国的工程技术人员设计施工的铁路干线。

教师：下课。谢谢大家！

《走向生活》
—— 教 学 设 计 ——

走向生活

戴维·科宁斯

我不敢相信自己的眼睛,又把校报办公室里那块工作人员任务牌看了一遍:科宁斯——采访埃莉诺·罗斯福。

简直是非分之想:自己成为《西部报》报社成员刚几个月,还是一个初出茅庐的生手呢。兴许是写错了吧,我拔腿便跑去找责任编辑。

那是1960年10月的一天,西伊利诺斯大学的校园充满生气:返校节就要来临了。我终于找到了他,他正忙碌着。

"我刚才在办公室里看了任务牌。我想一定是有人弄错了。"我顿了顿又说,"说是要我采访来我们学院访问的罗斯福夫人。"

责任编辑停住手中的活儿,冲我一笑:"没错。我们很欣赏你上次采访哈武德教授的表现。现在,我们要你承担一次更重要的任务。后天只管把你的采访报道送到我办公室来就是了。祝你好运,小伙子!"

"祝你好运!"说得轻巧。如果一个人是在踢足球或是在排剧什么的,这话倒还中听。可我是被派去采访前总统夫人,一个举世闻名的人物!埃莉诺·罗斯福不但曾和富兰克林·罗斯福共度春秋,而且本人也有过功成名就之举。而我就要去采访她!

我急匆匆直奔图书馆,一头扎进书堆,用了整整一个小时寻觅自己需要的东西。我如饥似渴地吮吸精神养料,连吃饭都给忘得一干二净。

书里夹满了卡片。我认真地把要提的问题依次排列,力求每个方面至少有一个是她以前没有回答过的问题。我终于成竹在胸。当晚,我兴冲冲地回到家里,对即将开始的采访真有点迫不及待了。

我和罗斯福夫人的谈话是在学生活动中心进行的。当我进去时,这位七十五岁的老太太已经先到了。她一看见我,马上起身和我握手。她那魁梧的身躯,敏锐的目光,慈祥的笑容,立即给人以不可磨灭的印象。我在她旁边坐下后,便率先抛出了自己认为别具一格的问题:"请问夫人,在您会晤过的人中,您觉得哪一位最有趣?"

这个问题真是提得好极了,而且,我早就预想了答案,把当时的名人列了一大串。无论她的回答是其中的哪一位,我都能就她选择的人物不假思索、接二连三地提出问题。埃莉诺莞尔一笑:"戴维·科宁斯,"她的回答我始料未及,"我一定会选中你:戴维·科宁斯。"

我真不敢相信自己的耳朵。选中我?开什么玩笑?

"呃,夫人,"我终于挤出一句话来,"我不明白您的意思。"

"和一个陌生人会晤并开始一种关系，这是生活中最令人感兴趣的。"她深有感触地说，"我小的时候总是羞羞答答的，有时甚至到了凡事都缩手缩脚的程度。后来我强迫自己欢迎别人进入自己的世界，强迫自己走向生活，终于体会到广交朋友是多么使人精神振奋。"

我对罗斯福夫人一个小时的采访转眼便结束了。她在一开始就使我感到轻松自如。在整个采访过程中，我无拘无束，十分满意。

我对埃莉诺·罗斯福夫人的采访报道，获得了全国学生新闻报道奖。然而对我来说，最重要的，是罗斯福夫人提出并被我引为座右铭的人生哲学——走向生活。

走向生活，广交朋友，给我的生活赋予了价值，增添了欢乐。

一、朗读课文

思考"阅读提示"中的问题。画出感受深刻的句子，多读一两遍，准备谈感想。另有不解处用"？"标出。

二、回答问题，由答案所涉课文内容读、议开去

1. "别具一格"的问题是什么？他以为夫人回答的必定是什么样的人？

2. 夫人的回答是什么？（这回答才是"别具一格"啊）你以为她的回答是否真诚？（即她为什么要这样回答——兴致勃勃，敞开心扉，走向生活，迎接新鲜的生活的浪花，汲取并传递生活的热情和快乐）

3. 夫人称广交朋友为走向生活。夫人的走向生活经历了一个由

被动转向主动的过程，作者那天的走向生活，也一样，老师为什么这样说？（诧异—紧张—迫不及待）可以想见，从那以后，再遇到这样的重要任务，他会退缩吗？我想不但不会退缩，说不定还要争取机会呢。面对生活的挑战，是勇于迎接还是退缩避让，结果是很不一样的。

老师实话告诉你们，当老师的都不大愿意其他人听课，为什么？紧张，怕出丑，你得精心准备，你得付出很多辛劳，承担很大压力。可是这台下坐着的有一位叫窦桂梅的特级老师，是我的朋友，她就与众不同。校长不听她的课，她给校长提意见；教委领导检查教学来了，路过她的教室没进去听，她追着人家问："我准备得很充分了，为啥不听我的课？"这是一个多么奇怪的家伙啊。生活是海洋，很多人愿意躲在安全的岸上看风景，她却做了勇敢的冲浪者，扑进大海，演绎一番弄潮的壮观。生活是公正的，因为她的勇敢和付出，生活给了她丰厚的回报，她的教学水平提高很快。结束时，她将给我们评课，我们可得好好表现。

三、学生质疑

四、学生读感觉深刻的地方

（如果冷场则教师示范，学生讨论后再谈）

教师也参与进去。

第7段，我是一个胆小的人，我在生活中一直是退缩的。缩在哪里呢？缩在我爱看的书里，缩在我自己的学生中间。那你们要问，老师你是怎么来的？被领导逼的呀，先是喊救命，说让我到徐州上课等于杀了我！然后是谈条件，能不能让我带了课题来——最好啊，包一节车厢，把我的学生也原装带了来！可是，领导寸土不让，我只好咬牙切齿，一课一课地准备。这是一个痛苦的过程，压力很大，过程也很艰辛，可是随着时间的过去，我感觉越来越好——前几天，我就急了，怎么还没到4月10日啊？我迫不及待地要见到你们，和你们一起学习！

第9段写夫人的外貌：七十五岁的老太太，"魁梧的身躯，敏锐的目光，慈祥的笑容，立即给人以不可磨灭的印象"。

老师想到一句名言："40岁以前相貌归上帝，40岁以后相貌归自己。"人的精神状态，对于自己外貌，实实在在于日积月累中发生着潜移默化的作用。心狠手辣的，日子久了他的面目必定狰狞可怖；斤斤计较的，日子久了，他的面目一定写满尖酸刻薄；襟怀坦荡的，他的面容一定如有阳光照临；心地善良的，他看起来一定慈眉善目。罗斯福夫人强壮、敏锐、慈祥，其实是她健康、开放、和善的内心世界的自然流露。

人，谁不希望自己看起来漂亮啊，属于遗传的那一部分我们已经无能为力了，可是我们可以通过美化心灵来美化自己的相貌。所以，同学们，走向生活，广交朋友，做一个热情、正直、坦诚、善良的人，当你奉献世界的时候，自己也正变得可爱而美丽。

《长歌行》
——教学设计——

长歌行

青青园中葵，朝露待日晞。
阳春布德泽，万物生光辉。
常恐秋节至，焜黄华叶衰。
百川东到海，何时复西归。
少壮不努力，老大徒伤悲。

一、学生自读四五遍，思考整首诗的大意

二、汇报初读收获
学生单独朗读（一到三人），再全体学生齐读。

三、针对"珍惜时间"的话题交流讨论，谈总体感受
关于珍惜时间，你们还读过哪些名言？

教师提供：对酒当歌，人生几何？譬如朝露，去日苦多 // 莫等闲，白了少年头，空悲切。// 子在川上曰："逝者如斯夫，不舍昼夜。" // 如果你因为失去太阳而流泪，那么，你也将失去群星。

四、学习末尾四句

全诗哪几句特别熟？（学生应当可以脱口而出背诵末四句）"百川东到海，何时复西归。少壮不努力，老大徒伤悲。"这四句已经成为熟语了。小学生必背80首古诗里第一篇就是。显然，这是有目的的。

这四句是什么意思呢？

奔流到海，一去不返的百川流，喻义是什么？作者用流水比时间？（学生交流之后说）

留不住，怎么办？

只有追赶。充实地度过每一天，是唯一拥有时间的方法，不努力的人活在时间之外，它被时间抛弃了。

仅仅是"少壮"需要努力吗？（学生应当能举父母仍在学习的例子）我们常常说：你人虽年轻，心已经老了；我们也常这样赞扬：你有一颗年轻的心。换一个角度我们不妨这样说：努力，是一种朝气蓬勃的年轻态，只要你在努力，你就永不会老去，如果你停止努力了，其实你已经是精神上的老人。所以，孩子们，你们不妨问自己：我在努力吗？我已经老了吗？

再读。

应当怎样读，或者在学生读过后问：你是带着什么感觉读的？

五、学习前六句

1.青青园中葵，朝露待日晞。

你认为"朝露"的喻义是什么？是指生命的短暂。曹操《短歌行》："对酒当歌，人生几何？譬如朝露，去日苦多。"朝露相比于"青青园中葵"太过短暂。一正青青，一已消逝得无影无踪。应当怎样读？或者读过后问，你是带着什么感觉读的？前一句得意，后一句叹息。

2. 阳春布德泽，万物生光辉。

你能用具体景状说明吗？桃花开了，柳丝长了，草儿绿了，蜂飞蝶舞！应当怎样读？或者读过后问，你是带着什么感觉读的？读出喜气洋洋、欣欣向荣的感觉。

3. 常恐秋节至，焜黄华叶衰。

谁心有恐惧？草木怕秋，其实怕什么？怕凋零。应当怎样读？或者读过后问，你是带着什么感觉读的？读出紧张、急切、无奈等心情。秋天会因为你害怕而不到来吗？那怎么办？努力生长！

这种"恐"和"万物生光辉"有什么关系？

哦，原来春夏的绚烂，来自对秋天凋零的恐惧。因为恐惧，所以珍惜每一寸阳光、每一场好雨。发芽、长叶、开花、结果。秋来了，冬来了，我的生命即将结束了。可是我已经结出丰硕的果实，我不但在春夏红红火火地活过，我还把我对生命的眷恋埋在沉默的种子里，等来年，等又一度春风吹拂，在我凋零的地方，又是一场欣欣向荣，和所有的植物一起，又一次演绎万物生光辉的美丽。如果曾经生如夏花绚烂，死也就可以如秋叶一样安静美丽，了无遗憾了。

草木这样地度过它的一生，草木无愧于它所承受的阳光雨露，于是，作者自然而然想到了人。面对流水一样一去不返的时间，作者叹道："百川东到海，何时复西归。少壮不努力，老大徒伤悲。"害怕一事无成白白老去，其实就是怕什么？害怕一事无成白白死去。既然衰老和死亡的到来，像水的东流一样挡不住，那么怎么办？（学生说）

教师总结："死之流泉，使生的止水跳跃。"

现在，我们试想，如果你是露珠，你的生命只有一夜，你怎

样恐惧也挡不住太阳的升起，你怎么办？（学生讨论）

尽量饱览月色天光，尽量享受清风，尽量倾听虫的鸣叫，尽量吮吸花的芬芳，让短暂的生命和自己小小的身体一样饱满，那么，太阳出来了，晒干就晒干吧。因为自己已经美丽地活过，没有遗憾。

生命的价值，在于质量而不是长度。虚度生命的人，其实没有真正活过；珍惜时间的人，他的生命和流水一样活泼的新鲜。

六、全诗连读，拓展，谈如何努力

七、背诵

《七步诗》
——教学设计——

七 步 诗
曹植

煮豆持作羹，漉豉以为汁。
萁在釜下然，豆在釜中泣。
本自同根生，相煎何太急？

一、从"缩写版"过渡到学习

小学生必背80首古诗的第一首——《长歌行》，大家会背吗？（"百川东到海，何时复西归。少壮不努力，老大徒伤悲。"）一人先背，再齐声，使气氛松动。第二首——《七步诗》，只有短小精悍的四句，会背吗？（"煮豆燃豆萁，豆在釜中泣。本是同根生，相煎何太急？"）一人先背，再齐声，使气氛松动。

我说它是小学生必背古诗80首的第二首，其实，哪里要等到老师带领我们背诵小学生必背古诗80首，很多古诗，在我们上学之前，甚至在我们刚会说话，爸爸妈妈就急不可待地教给我们，让我们背熟了。有这样的吗？比如"床前明月光，疑是地上霜。举头望明月，低头思故乡"。先个别人背，然后诱使齐背，消除紧张感。

今天我们要学的是《七步诗》的另一个版本。我们且称四句的那首为缩写版，据说是大诗人郭沫若所为。

二、自读，自解，了解句面意思

1.发声朗读四遍，然后根据后面的注释，理解每句话的意思。解不通就交流。

2.点名朗读，齐读。

3.解句。

如果冷场，问困难在哪里。（估计是，"煮豆持作羹，漉豉以为汁"——把豆子煮熟了，用来做羹。先滤掉豆渣，留下豆汁。讨论制作程序并整理：把豆子煮熟了，滤掉豆渣，留下豆汁，就做成了豆羹）

注意"相"的两种意思。（1）互相，动作由双方完成，如"相亲相爱""互相帮助"。（2）动作由一方向特定对象完成，如"好言相劝""我相信你"。这里是第二种，"你煎熬我"，而不是"我们相互煎熬"。

把豆子煮熟了，滤掉豆渣，留下豆汁，就做成了豆羹。豆秸在锅下熊熊燃烧，豆子在锅里哀哀哭泣。我们本来是同一条根上长出来的，你为什么这么急切地要煎熬我呢？（一人说完，再交流，问两人）

三、联系故事发生背景，了解诗句背后的意思

1.是啊，我们本来是同一条根上长出来的，你为什么这么急切地要煎熬我呢？在这里，豆秸、豆子分别比喻什么？（学生说）哦，还有典故呢，谁来说《七步诗》的来由？（学生说）

2. 现在，再读后四句。"萁在釜下然，豆在釜中泣。本自同根生，相煎何太急？"再解这四句。体会曹植的悲愤、无奈、恐惧、希望，结果哥哥感到惭愧。同时，他们的母亲，也就是他们的"根"也急切赶到，愤怒地斥责曹丕。曹丕说："我知道弟弟诗写得又快又好，我是跟他闹着玩的呢。"

3. 拓展：你对曹丕的文采有所了解吗？

其实，曹丕也很有才华。他的《燕歌行》是流传下来最早的一首完整的七言诗。"秋风萧瑟天气凉，草木摇落露为霜。群雁辞归鹄南翔，念君客游多思肠。"在此之前，先秦诗主要是四言，比如《诗经》"关关雎鸠"；汉诗都是五言，比如民歌《长歌行》，曹操的《短歌行》："对酒当歌，人生几何。譬如朝露，去日苦多。"曹植的《白马篇》："名编壮士籍，不得中顾私。捐躯赴国难，视死忽如归。"

曹操、曹丕、曹植，因为杰出的文学成就被人誉为"三曹"，在中国文学史上具有较高地位。其中又以父亲曹操成就最大。

四、讨论

1. 你认为曹植的比喻恰当吗？

2. 两个版本的《七步诗》，你更喜欢哪一个？（原版本介绍了煮豆的原因和羹的制作。缩写版，将前面两句浓缩为"煮豆"。前者让人如临其境，更有写实风格，体现了汉诗的质朴；后者突出了豆的伤心欲绝，更浓的抒情色彩）

《出塞》
—— 教学设计 ——

出　塞
王昌龄

秦时明月汉时关，万里长征人未还。
但使龙城飞将在，不教胡马度阴山。

一、学生自读课文，教师了解学生对诗歌的熟悉情况

1. 有会背这首诗的吗？
2. 这首诗大概讲的是什么？
3. 还会背王昌龄的其他什么诗？小学生必背 80 首古诗中还有他的《芙蓉楼送辛渐》《从军行》。

二、朗读

三、解题

出塞，"塞"是什么意思——边关，边塞。

《出塞》是古代一种军歌的题目。同一类型的题目还有《塞上曲》《塞下曲》《从军行》《凉州词》，它们都是歌咏军事体裁的诗篇，

我们统称它们为边塞诗。比如王之涣的《凉州词》，王翰的《凉州词》，王昌龄的《从军行》，张敬忠的《边词》，卢纶的《塞下曲》，等等。今天我们学习的这首《出塞》，不仅是唐代边塞诗中的杰作，而且是被誉为唐人七绝的压卷之作。（板书："压卷之作"）知道什么叫压卷之作吗？（最出色的作品）。哦，这个评价真是不低啊。让我们细细品味！

四、解句

1.秦时明月汉时关，万里长征人未还。（学生尝试解释）如果有困难老师帮助。

（1）秦时明月汉时关

这里不是指秦代的明月，汉代的边关，而是秦汉的明月，秦汉的边关。这种写法，叫作"互文"。

关：边关。在古代，北方的匈奴、契丹等少数民族，经常侵扰内地。中原和北方之间，不断发生战争。为抵御匈奴、契丹之类胡人的侵袭，内地朝廷从战国时代就开始修筑长城，以抵抗敌寇。大规模的防边筑城起于秦汉。明月还是秦汉时的明月，边关还是秦汉时的边关。也就是说，从秦汉直到唐代，千百年过去了，边关征战一直没有停止过。征战不止的结果是什么呢？

（2）万里长征人未还

长征：长途跋涉，远离家乡去戍边征战。

战士们离亲别故，万里迢迢去戍守边疆，绝大多数都是一去不返。所谓"葡萄美酒夜光杯……"

注意这里的明月，是边关的明月。你们背过哪些和月有关的诗歌？（如果学生一时想不出，老师提示）

最著名的当然是李白的"举头望明月，低头思故乡"。

还有杜甫的"露从今夜白，月是故乡明"，已经成为熟语了。

还有苏轼的"明月几时有？把酒问青天""但愿人长久，千里共婵娟"，还被改编成了非常流行的歌曲。

还有民歌："月儿弯弯照九州，几家欢乐几家愁。几家高楼饮美酒，几家流落在街头。"

曾做过唐代宰相的张九龄更有妙句："思君如满月，夜夜减清辉。"

在中国的诗中，大多数情况下，月亮总是和思念、怀乡联系在一起的。

现在，我们读到的，是从秦汉一直到唐代，千百年来悬挂边关的一轮明月。明月照边关，明月更照人——什么人？（征人，边关的将士）

想一想，在那些清冷的不眠之夜，望着天上一轮明月，他们是什么心情？（学生说）

想家，想念亲人，想到自己的命运，盼望没有征战，盼望和平，盼望回到家乡……

"醉卧沙场君莫笑，古来征战几人回！"一人埋骨他乡，就是一个家庭的不幸。千年不息的征战，万里迢迢的征战，那是无数边疆战士和他们亲人的血和泪啊！

再解释，再读。

要结束战争就要赶跑侵略者。要取得决定性的胜利，除了士兵的勇敢之外，更重要的是什么——治军有方的将军。所谓一将无能，累死千军，所谓强将手下无弱兵，下面两句自然写到对将军的向往。

2. 但使龙城飞将在，不教胡马度阴山。

学生解句。（需要的时候，教师帮助）

龙城：卢龙城，在今河北省喜峰口长城一带，为汉代右北平郡所在地。《史记·李将军传》说："广居右北平，匈奴闻之，号曰飞将军，避之数岁，不敢入右北平。"

阴山：在今内蒙古自治区中部及河北北部。

你们对李广有所了解吗？

但使龙城飞将在，不教胡马度阴山。他们为什么思念李将军？（治军有方，英勇善战，体恤下情，和士兵同甘共苦，给他们带来胜利的希望，回故乡的希望）

解句：只要治军有方、临英勇善战的飞将军李广还在，就不会让胡马再度过阴山了。

胡马不再度过阴山，也就意味着什么？战争结束，可以回家乡了。

怀念将近千年以前的飞将军，其实也意味着什么？（对现在的将官的不满）

再读，再解。

五、再读全诗，体会作者写作此诗的感情

1. 对将士，赞扬他们为国牺牲，同情他们的艰辛、不幸。

2. 对将军，希望将军能像汉时李广一样，爱兵如子且能征惯战，使大家拥有军人的荣誉和尊严。

3. 对战争的厌恶，对和平的向往。

4. 仅仅28个字，蕴含这么丰富的感情，真不愧为唐七绝的压卷之作啊。

六、朗读，结束

《草船借箭》
—— 教 学 设 计 ——

草船借箭

周瑜对诸葛亮心怀妒忌。

有一天,周瑜请诸葛亮商议军事,说:"我们就要跟曹军交战了。水上交战,用什么兵器最好?"诸葛亮说:"用弓箭最好。"周瑜说:"对,先生跟我想的一样。现在军中缺箭,想请先生负责赶造十万支。这是公事,希望先生不要推却。"诸葛亮说:"都督委托,当然照办。不知道这十万支箭什么时候用?"周瑜问:"十天造得好吗?"诸葛亮说:"既然就要交战,十天造好,必然误了大事。"周瑜问:"先生预计几天可以造好?"诸葛亮说:"只要三天。"周瑜说:"军情紧急,可不能开玩笑。"诸葛亮说:"怎么敢跟都督开玩笑?我愿意立下军令状,三天造不好,甘受重罚。"周瑜很高兴,叫诸葛亮当面立下军令状,又摆了酒席招待他。诸葛亮说:"今天来不及了。从明天算起,到第三天,请派五百个军士到江边来搬箭。"诸葛亮喝了几杯酒就走了。

鲁肃对周瑜说:"十万支箭,三天怎么造得成呢?

诸葛亮说的是假话吧？"周瑜说："是他自己说的，我可没逼他。我得吩咐军匠们，叫他们故意迟延，造箭用的材料不给他准备齐全。到时候造不成，定他的罪，他就没话可说了。你去探听探听，看他怎么打算，回来报告我。"

鲁肃见了诸葛亮。诸葛亮说："三天之内要造十万支箭，得请你帮帮我的忙。"鲁肃说："都是你自找的，我怎么帮得了你的忙？"诸葛亮说："你借给我二十条船，每条船上要三十多名军士。船用青布幔子遮起来，还要一千多个草把子，排在船的两边。我自有妙用。第三天管保有十万支箭。不过不能让都督知道。他要是知道了，我的计划就完了。"

鲁肃答应了。他不知道诸葛亮借船有什么用，回来报告周瑜，果然不提借船的事，只说诸葛亮不用竹子、翎毛、胶漆这些材料。周瑜疑惑起来，说："到了第三天，看他怎么办！"

鲁肃私自拨了二十条快船，每条船上配三十多名军士，照诸葛亮说的，布置好青布幔子和草把子，等诸葛亮调度。第一天，不见诸葛亮有什么动静；第二天，仍然不见诸葛亮有什么动静；直到第三天四更时候，诸葛亮秘密地把鲁肃请到船里。鲁肃问他："你叫我来做什么？"诸葛亮说："请你一起去取箭。"鲁肃问："哪里去取？"诸葛亮说："不用问，去了就知道。"诸葛亮吩咐把二十条船用绳索连接起来，朝北岸开去。

这时候大雾漫天，江上的人连面对面都看不清。五更时分，船已经靠近曹军的水寨。诸葛亮下令把船头朝西，船尾朝东，一字摆开，又叫船上的军士一边擂鼓，一边呐喊。鲁肃吃惊地说："如果曹兵出来，怎么办？"诸葛亮笑着说："雾这么大，曹操一定不敢派兵出来。我们只管饮酒取乐，雾散了就回去。"

曹操得知江上的动静后，就下令说："江上雾很大，敌人忽然来攻，必有埋伏，我们看不清虚实，不要轻易出动。拨水军弓弩手朝他们射箭便是。"然后，他又派人去旱寨调来六千名弓弩手，到江边支援水军。一万多名弓弩手一齐朝江中放箭，箭好像下雨一样。诸葛亮又下令把船掉过来，船头朝东，船尾朝西，仍旧擂鼓呐喊，逼近曹军水寨受箭。

到雾散时，诸葛亮下令返回。船两边的草把子上都插满了箭。诸葛亮吩咐军士们齐声高喊"谢谢曹丞相的箭"。曹操知道上了当，可是诸葛亮那边船轻水急，已经驶出二十多里，要追也来不及了。

二十条船靠岸的时候，周瑜派来搬箭的五百个军士已经等在江边了。每条船有五六千支箭，二十条船总共有十万多支。鲁肃见了周瑜，告诉他借箭的经过。周瑜大吃一惊，长叹道："诸葛亮神机妙算，我真比不上他！"

一、交流对三国故事的了解

有歌唱道："滚滚长江东逝水，浪花淘尽英雄。是非成败转头空。青山依旧在，几度夕阳红。白发渔樵江渚上，惯看秋月春风。一壶浊酒喜相逢。古今多少事，都付笑谈中。"这是《三国演义》

的开篇词。关于三国，你们必定从影视、课内外读物中有所了解，谁能给我们说说？什么都行啊！

二、介绍《草船借箭》的时代背景，导入初读

东汉末年，曹操大军南下，先打败了刘备，然后虎视眈眈要一举灭了东吴。面对强大的敌人，刘备和孙权不得不联合起来，抵御共同的敌人。当时曹操实际能作战的军力有20万，孙权拥兵3万，刘备残余兵力2万，孙、刘的兵力加起来，和曹军相比还是天悬地殊。在这种情况之下，你们说，要取得联合抗曹的胜利，什么最重要？（团结）《草船借箭》的故事，就发生在这特殊的背景之下。请大家读课文，读完之后思考"预习"里的问题。必要时，可以讨论。先给段落标出序号。

三、交流初读收获，总体把握内容

1.《草船借箭》的起因是什么？经过怎样？结果如何？

（起因：周瑜找借口加害于人。经过：诸葛亮大雾之夜草船借箭。结果：如期"造"出10万支箭，打破了周瑜的毒计）

2.神机妙算表现在哪些方面？

边说边板书：

一算周瑜有意加害于诸葛亮。草船借箭，先得有船啊，船从哪儿来？二算鲁肃必然相助。草船借箭，向谁借？三算曹操必然慷慨相借。为什么必借？大雾弥漫，不知道敌人来了多少，必定放箭，掩住真相，诱惑放箭的是什么？四算第三日夜间必有大雾。插满了箭，天也快亮了，要回去啊，如果风向不对，那就坏事，成自投罗网了。五算天亮必起西北风。

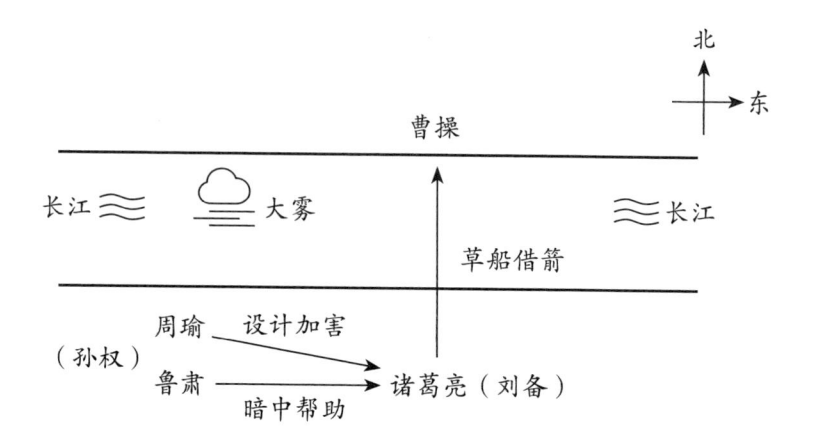

```
                                              北
                                              ↑
                    曹操                       →东
  ━━━━━━━━━━━━━━━━━━━━━━━━━━━━━━━━━━━━━━
  长江≋    ☁ 大雾      ↑            ≋长江
                    草船借箭
  ━━━━━━━━━━━━━━━━━━━━━━━━━━━━━━━━━━━━━━
         周瑜   设计加害
 (孙权)              ↘
         鲁肃  ━━━━━━→ 诸葛亮（刘备）
              暗中帮助
```

四、细品课文，加深对人物内心的了解

1. 了解周瑜

诸葛亮神机妙算，我们对他十分佩服！课文中说诸葛亮神机妙算的是谁？（周瑜）他和我们的心情一样吗？他是什么心情？（阴谋挫败的痛苦，加倍的嫉妒，不得不服）从哪些段落可以知道？

（1）齐读第1段。

（2）分角色读第2段。教师引读，随时根据人物心理活动指导朗读语气。（一个是自以为得计，一个是胸有成竹）

必须指出，到第2段结束，只能说周瑜嫉妒，却不能说他有心加害。显示他有心加害的是哪里？

（3）齐读第3段，谈感想。（一有军令状，二又故意使坏让他造不出）

（4）周瑜加害，除了嫉妒，有没有其他原因？

料知日后孙、刘必有一争，他想早些为孙权除掉一个潜在的敌手。只是他不知道，这时候害死诸葛亮，等于削弱自己。

2. 了解鲁肃

（1）你认为鲁肃是怎样的人？（老实、善良、守信用等）

（2）他是怎样帮诸葛亮的？（给草船和军士；向周瑜隐瞒准备工作）

（3）鲁肃是孙权军事集团的，是周瑜的部下，你怎么看待他的"胳膊肘往外拐"？

3. 了解曹操

一切准备就绪，第三天夜里，大雾起时，草船借箭开始。第6、7、8、9段，选择最喜欢的一段朗读。

（1）第6段，精心准备。布幔、草把有何用？为什么第三天临走才带上鲁肃？（保密）

（2）第7段，注意"面对面都看不清""一字摆开""擂鼓""呐喊""吃惊""只管饮酒取乐"，大智才能大勇。（诸葛亮和鲁肃的对比）

（3）第8段（诸葛亮和曹操的对比）

拓展：《三国演义》里，诸葛亮和曹操都是足智多谋的人。曹操，人称一代奸雄，可是他在那个大雾之夜却被诸葛亮轻而易举地骗走了10万支箭，他为什么那么听话？（因为大雾，看不清虚实）难道面对诸葛亮，曹操就真的无计可施了吗？想一想，就算是江上雾很大，敌人突然来攻，不能轻易出动，就算是必须用箭，也可以不这么吃亏的！怎么办？（在风向为西北或无风的情况下，放火箭）

回到第7段，体会"靠近""擂鼓""呐喊"。这时候，"逼近"，箭雨之中，鼓声、喊杀声越来越大，似箭的"雨水"更加密集——直到天渐渐亮了。

（4）充满胜利地自豪地读。

五、学习结尾一段，拓展开去

1. "比不上"的仅仅是才干吗？

2. 教师讲胸襟和智慧的关系。

3. 学生试着替周瑜辩护。"诸葛亮神机妙算，我真比不上他！"

《草船借箭》

—— 教 学 实 录 ——

"请大家把书翻开，我们学习新课——《草船借箭》。"

下面一片诧异，因为我昨天没有布置预习作业，在没有提前预习的情况下，我们是不上新课的，这节课我的原计划是作文讲评。

迎着学生的不解，我笑了："我实实在在地告诉你们，我也不想这样上课！不打无准备之仗嘛。可是，过些天，我要到江苏徐州上一节临时点题的观摩课，所以，我只有拿我的孩儿，也就是你们操练了！"

"《草船借箭》，在中国可谓是一个家喻户晓的三国故事。说到《三国演义》，我必须承认，我对于它的了解，仅仅限于48本小人书和一部电视连续剧！（学生哈哈笑了）所以，这一节课，与其说我教你们上，不如说是我和你们一起学习。在下面的时间里，如果出现我被问住或者你们驳倒我的情况，我将不仅不意外，而且十分高兴——好了，预习吧。老习惯，小声读，先读完的再默读，一边体味，一边等慢一点的同学。画出不懂的地方，标出特别喜欢的段落，待会儿做汇报。"

学生嗡嗡地读，我在黑板上写课题——字真丑，我也顾不得了！突然觉得应当再写些什么。

于是画一条江，北标曹营，南标鲁、周和诸葛亮，还在江面画了一溜排的小船。

大约十分钟之后，学生都读完了。

指着黑板上的"战局图"："有对三国故事略知一二的吗？给大家说说。"

没有回应。

"那就讨论吧！"

扎堆儿嗡嗡嗡，指天画地的大有人在。

"归位。现在有要说的吗？"

还是没有！

"哈哈哈哈，我来说！也是，都让你们说了，要我这老师干什么？"

于是，我从80万大军南下，到孙、刘联合的必要性，想到哪儿讲到哪儿，大略说了故事背景。基本没说透，因为我没有准备！

然后老师说："有要问的吗？"

张美君举手："薛老师，曹操为什么不放带火的箭烧他们？"

"天呐，你这不是提问，你这是可怕的计策！这是当时你不在曹营，否则，历史必将改写！"

方思佩举手："老师，我自问自答。"在我的班级，由于我的纵容，学生喜欢用这种方式表现自己。

"诸葛亮为什么当时不抚琴，偏偏饮酒呢？因为船总是一面受箭的，所以，先受箭的那一面必定是要倾斜的，歪到一定地步，就容易翻了。诸葛亮这是利用杯中酒的情况，判断什么时候该掉转船头，使另一面受箭。"（学生羡慕并开始兴奋）

"接着问，"老师感觉自己是一个统帅，"然后你们自己答！"

"为什么诸葛亮不让鲁肃告诉周瑜借船的事情？"

"如果知道了诸葛亮用船，周瑜能否想到借箭？"

学生自主问答，当然中间老师不断扣一个要点提问："诸葛亮神机妙算，到底算到了哪些？"

"算到了周瑜有心加害。"

"算到了曹操不敢出寨。"

"算到了鲁肃必帮忙。"

"算到了第三日三更起雾。"

没有问的了，我照例进行下一个环节："朗读各自喜欢的段落。"

没有人举手。

"天呐，诸葛亮草船借箭都敢，我们当众读他的故事都不敢！"

宗灵锐举手，读第9段。我又临时发现："同学们，听见没有，诸葛亮除了算到三更起雾，还算到了——"学生齐说："天亮刮北风！"

"否则的话，"我做不堪重负而摇摇摆摆状，学生大笑："满船的箭，完璧归赵，而且还将自己和鲁肃连同兵士，白送给曹操！"

我情不自禁赞叹："诸葛亮真了不起，老师我也够聪明！孩子们，智慧是值得自豪的——给我充满自豪感地读！"

他们兴致勃勃地齐读："到雾散时，诸葛亮下令返回……"

彭沁园读第7段，我又有新发现——"船靠近曹军水寨！"我将黑板上小船一字排在江心的战局图改了，让小船几乎靠岸，学生的表情立刻不一样。然后我说："这么近，600名壮汉，一起擂鼓，喊什么？"

"杀曹贼！"有人小声说。

"这也叫'喊'？大声！"

齐声："杀曹贼！"

"再大!"

"杀曹贼!"

"擂桌喊!"

"杀曹贼!"

屋都震了,地都动了。

"我们是29个小学生,我们是在阳光灿烂的教室,想象当时的情形!600名壮汉,一起擂鼓呐喊啊,大雾漫江,面对面都看不清,近在咫尺,杀声震天,仿佛来了千军万马,曹操当时是怎样的?"

"吓坏了!"

"所以,张美君,你能理解曹操的不够聪明吗?同时被吓坏的还有谁?"

"鲁肃。"

"对,大智方能大勇啊……"

"叮叮叮……"

"下课!"

《将相和》
——教学实录——

将 相 和

战国时，秦国很强大，常常进攻别的国家。

有一回，赵王得了一件无价之宝，叫和氏璧。秦王知道了，就写了一封信给赵王，说是愿意拿十五座城换这块璧。

赵王接到信后非常着急，立即召集大臣来商议。大家说秦王不过是想把和氏璧骗到手罢了，不能上他的当；可要是不答应，又怕他派兵来进攻。

正在为难的时候，有人说有个叫蔺相如的人，勇敢机智，也许他能解决这个难题。

赵王把蔺相如找来，问他该怎么办。

蔺相如想了一会儿，说："如果秦国提出用城换璧，我国却不答应，那理亏的是我们。如果我们把和氏璧给了秦国，秦国却不给我们十五座城，那理亏的就是他们。我愿意带着和氏璧到秦国去。如果秦王真的拿十五座城来换，我就把璧交给他；如果他不肯交出十五座城，我一定把璧完好无缺地送回来。"于是赵王就派蔺相如带着和氏璧去了秦国。

蔺相如到了秦国，进宫见了秦王，献上和氏璧。秦王双手捧住璧，一边看一边称赞，绝口不提十五座城的事。蔺相如看这情形，知道秦王没有拿城换璧的诚意，就上前一步，说："这块璧有点儿小毛病，让我指给您看。"秦王听他这么一说，就把和氏璧交给蔺相如。蔺相如捧着璧，往后退了几步，靠着柱子站定。他怒发冲冠，说："我看您并不想交付十五座城。现在璧在我手里，您要是强逼我，我的脑袋就和璧一起撞碎在这柱子上！"说着，他举起和氏璧就要向柱子上撞。秦王怕他真的把璧撞碎了，连忙说一切都好商量，就叫人拿出地图，把允诺划归赵国的十五座城指给他看。蔺相如说和氏璧是无价之宝，要举行个隆重的典礼，他才能交出来。秦王只好跟他约定了举行典礼的日期。

蔺相如反复思量，觉得秦王还是不会信守承诺的，一到客舍，就叫手下人化了装，带着和氏璧抄小路先回赵国去了。到了举行典礼那一天，蔺相如进宫见了秦王，说："秦国的国君历来不守信用，我怕有负赵王所托，已经让人把和氏璧送回赵国了。如果您有诚意，先把十五座城交给我国，我国马上派人把璧送来。我们怎么敢为了一块璧而得罪强大的秦国呢？我知道欺骗了您是死罪，您可以杀了我，但请好好考虑我的话。"秦王没有办法，只得客客气气地把蔺相如送回了赵国。

这就是"完璧归赵"的故事。蔺相如立了功，赵王封他做上大夫。

过了几年，秦王约赵王在渑池会面。赵王胆怯，不敢去。但蔺相如和大将军廉颇认为对秦王不能示弱，还是去的好，赵王才决定动身，让蔺相如随行。廉颇带着军队送他们到边境上，作好了抵御秦军的准备。

赵王到渑池与秦王会面。秦王要赵王鼓瑟，赵王不好推辞，鼓了一段。秦王就叫人记录下来，说在渑池会上，秦王令赵王鼓瑟。

蔺相如看秦王存心侮辱赵王，便向前走了几步，说："赵王听说秦王擅长秦国的音乐，希望您能击缶助兴。"秦王很生气，拒绝了。蔺相如再次上前要求，秦王还是拒绝。蔺相如说："您现在离我只有五步远。如果您不答应，我就跟您同归于尽！"秦王左右的卫士想杀了蔺相如，但蔺相如怒目圆睁，厉声呵斥，卫士竟不敢上前。秦王被逼得没办法，只好敲了一下缶。蔺相如也叫人记录下来，说在渑池会上，秦王为赵王击缶。

秦国的大臣不甘心，继续发难，但蔺相如毫不示弱，直到会面结束，秦王也没占到便宜。秦王知道廉颇已经在边境上作好了准备，不敢拿赵王怎么样，只好让赵王回去。

蔺相如在渑池会上又立了功。赵王封蔺相如为上卿，职位比廉颇还高。

廉颇很不服气，他对别人说："我廉颇立下了那么多战功，他蔺相如就靠一张嘴，反而爬到我头上去了。要是我碰见他，一定要让他下不来台！"蔺相如听说了，就请病假不上朝，免得跟廉颇见面。

有一天，蔺相如坐车出去，远远看见廉颇过来了，他赶紧叫车夫把车往回赶。蔺相如的门客们可看不顺眼了，对蔺相如说："您见了廉颇像老鼠见了猫似的，为什么要怕他呢？"蔺相如说："诸位请想一想，廉将军和秦王比，谁厉害？"门客们说："当然是秦王厉害！"蔺相如说："秦王我都不怕，还会怕廉将军吗？秦王之所以不敢进攻我们赵国，就是因为有我们两个人在。如果我们俩闹不和，就会削弱赵国的力量，秦国必然乘机来攻打我们。我之所以避着廉将军，为的是我们赵国啊！"

蔺相如的话传到了廉颇的耳朵里。廉颇静下心来想了想，觉得自己为了争一口气，就不顾国家利益，真不应该。于是，他脱下战袍，背上绑着荆条，到蔺相如门上请罪。蔺相如见廉颇来请罪，连忙出来迎接。从此以后，他们俩成了好朋友，同心协力保卫赵国。

第 一 课 时

一、初读全文，掌握总体结构

教师：同学们好，今天我们学习《将相和》。

请大家打开书，快速浏览课文，给课文的段落标上序号，思考：讲了几个故事，据此可以把课文分为几大段？

学生：全文共有17段，讲了三个故事，分别是完璧归赵、渑池相会、负荆请罪。1—9段讲完璧归赵，10—14段讲渑池相会，15—17段讲负荆请罪。

二、学习"完璧归赵"

教师：发声读第1段，体会当时情境。读完之后，再回头找出最能反映人物性格的语句，准备汇报。

教师：谁能谈谈，你认为蔺相如是怎样的一个人？

学生1：机智勇敢。

学生2：以国家尊严为重。

教师：读出你认为最能反映他的机智勇敢的句子。

学生（读第6段）：蔺相如想了一会儿，说："如果秦国提出用城换璧，我国却不答应，那理亏的是我们。如果我们把和氏璧给了秦国，秦国却不给我们十五座城，那理亏的就是他们。我愿意带着和氏璧到秦国去。如果秦王真的拿十五座城来换，我就把璧交给他；如果他不肯交出十五座城，我一定把璧完好无缺地送回来。"

教师：我该告诉你们，这篇课文改写自司马迁《史记》中的《廉颇蔺相如列传》，那是我最喜欢的一篇文章。关于刚才你读的那段，司马迁如是写道："王必无人，臣愿奉璧入秦。城入赵而璧留秦；城不入，臣请完璧归赵！""完璧归赵"一词由此而来！

蔺相如此话的意思是：大王，您必定找不到人替您出使，我愿意奉着您的使命到秦国去。15座城池真的归于赵国，那我就把和氏璧留在秦国；15座城池不入赵国，我将把和氏璧完整无缺地带回赵国。

你们知道说这话的蔺相如当时是什么身份吗？是一个宦官头目的门人，他在那个宦官处蹭一口闲饭，地位仅仅高于人家的奴仆。当秦国使者将以城换璧的意思表达给赵王的时候，傻子都知道秦国是在使诈，之所以不强要而使诈，仅仅因为当时秦国虽然强大，但是还没有强大到可以一举灭邻，秦的最终目的是统一中国。不答应呢，怕秦国以此为借口出兵；答应呢，白白被骗受辱，最好的结果是表示答应的意思，又不让和氏璧给骗了去。当时的情形之下，和氏璧已经不仅仅是一块稀世珍宝，而是代表了一个弱国的一点可怜的尊严——把璧送去，显示了交换的诚意，再将璧带回来，这是一个几乎不可能完成的任务！

"谁去？"赵王问文臣，没有人；"谁去？"赵王问武将，还是没有人。于是，朝会上本没有资格说话的一个宦官头目说话了："我的门人蔺相如智勇双全，他能去！"于是，地位微贱至极的蔺相如来到了朝廷，当着文武群臣的面，对赵王说了这样的话："王必无人，臣愿奉璧入秦。城入赵而璧留秦；城不入，臣请完璧归赵！"（学生一片肃静）请读课文中相关的话，我起头——蔺相如想了一会儿，说：

学生："如果秦国提出用城换璧，我国却不答应，那理亏的是我们。如果我们把和氏璧给了秦国，秦国却不给我们十五座城，那理亏的就是他们。我愿意带着和氏璧到秦国去。如果秦王真的拿十五座城来换，我就把璧交给他；如果他不肯交出十五座城，我一定把璧完好无缺地送回来。"

教师：就这样，蔺相如怀揣宝玉，入了虎狼之秦。再找出最能体现他胆识的地方并读一读。

学生："我看您并不想交付十五座城。现在璧在我手里，您要是强逼我，我的脑袋就和璧一起撞碎在这柱子上！"

教师：用智谋将和氏璧拿到手之后，《廉颇蔺相如列传》里，面对秦王毫不掩饰的轻慢和欺诈，蔺相如义正词严地说道："臣以为，布衣之交，尚不相欺，况大国乎！"他的大义凛然显示了必死的决心，他的与璧同归于尽，可不是做样子给人看的！你想，秦王能让他死吗？

学生：不能！

教师：为什么？

学生：舍不得和氏璧！

教师：第一个回合，是勇气的胜利，也是智慧的胜利。蔺相如提出举行隆重典礼的要求——为什么他要秦王举行隆重典礼？

学生：为送璧回赵国赢得时间！

教师：想一想，那时，蔺相如抱着什么心态见秦王？

学生：必死！

教师：未必，上次不是没死吗？

学生：上次有璧！

教师：谁读蔺相如的话？

学生："秦国的国君历来不守信用，我怕有负赵王所托，已经让人把和氏璧送回赵国了。如果您有诚意，先把十五座城交给我国，我国马上派人把璧送来。我们怎么敢为了一块璧而得罪强大的秦国呢？我知道欺骗了您是死罪，您可以杀了我，但请好好考虑我的话。"

教师：《廉颇蔺相如列传》中，接下来的话蔺相如是这样说的："臣知欺大王之罪当诛。臣请就汤镬，唯大王与群臣孰计议之！"他的意思是：我知道我罪不容诛，我强烈要求您把我扔到油锅里炸了！炸还是不炸，您和您的群臣可要商量好了！（学生笑）

教师：你们笑了，知道当时秦王的反应如何吗？"秦王与群臣相视而嘻！"他们呀，你看看我，我看看你，也笑了——没见过这样的人！问：秦王为什么不杀或者不炸蔺相如？

学生：炸了白炸，白白显得秦国没有信誉。

教师：对，越是没有信誉的人，越怕人家讲他没有信誉，古来如此啊。

学生：秦王与群臣还佩服蔺相如的勇气和智慧。

教师（读）：这就是"完璧归赵"的故事。蔺相如立了功，赵王封他做了上大夫。

三、学习"渑池相会"

教师：轻声朗读这一段，找出显示蔺相如勇气的地方。

学生："您现在离我只有五步远。如果您不答应，我就跟您同归于尽！"

教师："五步之内，臣请以颈血溅大王矣！"什么意思？五步之外，强秦虎视天下，五步之内，你千军万马都作了虚设！你的命在我手里呢，要命还是要面子，您看着办吧！于是"秦王不怿，为一击缶"！这一声缶，击碎了大国的傲慢，击回了弱国的尊严。问：五步之内，秦王为保性命不得已舍弃面子，五步之外，秦王为什么不杀了赵王和蔺相如？

学生：廉颇已经在边境做好了准备，所以秦王不敢轻举妄动。

教师：五步之内的国家尊严，是蔺相如用生命和智慧赢得的；五步之外的安全归来，是廉颇的严阵以待赢得的，所以渑池相会的功劳，廉颇也有一半，然而结果是——

学生（读）：赵王封蔺相如为上卿，职位比廉颇还高。

（铃声响）

教师：下课。

第 二 课 时

四、学习"负荆请罪"

教师：同学们好。上回说到，渑池归来，赵王封蔺相如为上卿，职位比廉颇还高。关于廉颇，司马迁《史记》中的《廉颇蔺相如列传》开篇这样写道："廉颇者，赵之良将也"，"以勇气闻于诸侯"。试想，让这样的将军甘心居于一个宦官门人之下，他能忍受吗？

学生：不能。

教师：读出他的话。

学生："我廉颇立下了那么多战功……一定要让他下不来台！"

教师："他蔺相如就靠一张嘴，反而爬到我头上去了。"仔细体会，廉颇的不服是因为嫉妒蔺相如的才干吗？

学生：是认为蔺相如没有真本领，不了解蔺相如的智勇和胸怀。

教师：所以，廉颇的气话里，也有合理的成分。他是因为觉得蔺相如不配做那样的大官，如果蔺相如真的是仅会耍嘴皮的小人，赵王提拔他担任右上卿，受损的不仅是廉颇的尊严，也是国家的利益啊。明白了这一点，我们才能明白，为什么当廉颇听到蔺相如的表白时能静心思考，以一国老将之重与威，亲自登门，负荆请罪！诱使他不服气的，有为国家考虑的因素，促使他上门请罪的，是对蔺相如胸襟的感佩，也是对国家利益的顾全！那是一个曾经那么卑贱的人下之人啊！所以，你现在怎么看廉颇？

学生：直爽。

学生：豪放，知错必改。

学生：以大局为重。

教师：知道廉颇怎么说的吗？"鄙贱之人，不知将军宽之至此！"他说我是一个见识短浅的小人，怎么也想不到将军您的胸怀会如此之宽大！这是一个身经百战的名将的话，不服就明讲，哪怕当着王的面给对方下不了台；服气了纳头便拜，哪怕对方出身那么低贱。什么叫襟怀坦荡？这就是！什么叫光明磊落？这就是！那么蔺相如呢？

学生：智勇双全，讲求团结。

教师：从哪里看出？

学生（读）："秦王我都不怕，还会怕廉将军吗？……为的是我们赵国啊！"

教师："夫以秦王之威，而相如廷斥之，辱其群臣。相如虽驽，独畏廉将军哉？顾吾念之，强秦之所以不敢加兵于赵者，徒以吾两人在也。今两虎相争，其势必不俱存，吾所以为此者，先国家之急而后私仇也！"

秦王的淫威那么厉害，我在他的朝廷上斥责他，羞辱他和他的群臣。我虽然不才，但哪里就弱到害怕廉将军的地步？我只是想啊，强大的秦国之所以不敢攻打我们赵国，只是因为有我们两人团结卫国，如今两虎相争，必有一伤，我让着他，是以国家之难为先，而以个人尊严为后啊！这就是蔺相如，为了国家的尊严，他可以下油锅，可以和秦王拼命，现在还是为了国家的安全，他又可以牺牲自己的尊严，让外人看来，他怕廉颇，如同老鼠怕猫。所以，这样的发自内心的话，怎能不感动廉颇？

教师：我说过了，故事改编自司马迁《史记》中的《廉颇蔺相如列传》，老师之所以将课文略去的内容补充进来，一是希望你们借此对人物有全面了解，二是希望引发你们对古典名著的向往之情。到了高中，你们要学那篇古文。如果那时候，你们中有一人读得感奋着，发出会心的笑，在心里说："哦，这段话，在小学六年级的时候，我们语文老师给我们说过。"我将不胜荣幸！我当那是生活给予我的最高褒奖。

《景阳冈》
——教学实录——

景阳冈

　　武松在路上行了几日，来到阳谷县地面。此去离县治还远。当日晌午时分，走得肚中饥渴，望见前面有一个酒店，挑着一面招旗在门前，上头写着五个字道："三碗不过冈。"武松入到里面坐下，把梢棒倚了，叫道："主人家，快把酒来吃。"只见店主人把三只碗、一双箸、一碟热菜，放在武松面前，满满筛一碗酒来。武松拿起碗，一饮而尽，叫道："这酒好生有气力！主人家，有饱肚的买些吃酒。"酒家道："只有熟牛肉。"武松道："好的切二三斤来吃酒。"店家去里面切出二斤熟牛肉，做一大盘子将来，放在武松面前，随即再筛一碗酒。武松吃了道："好酒！"又筛下一碗，恰好吃了三碗酒，再也不来筛。武松敲着桌子叫道："主人家，怎的不来筛酒？"酒家道："客官要肉便添来。"武松道："我也要酒，也再切些肉来。"酒家道："肉便切来，添与客官吃，酒却不添了。"武松道："却又作怪。"便问主人家道："你如何不肯卖酒与我吃？"酒家道："客官，你须见我门前招旗,上面明明写道'三碗不过冈'。"武松道:"怎地唤做三碗不过冈?"酒家道:"俺家的酒,虽是村酒,却比老酒的滋味。但凡客人来我店中吃了三碗的,便醉了,过不得前面的山冈去。因此唤做'三碗不过冈'。若是过往客人到此,只吃三碗,更不再问。"武松笑道:"原来怎地。我却吃了三碗,如何不醉?"酒家道:"我这酒叫做'透瓶香',又唤做'出门倒'。初入口时,醇酽好吃,少刻时便倒。"武松道:"休要胡说。没地不还你钱,再筛三碗来我吃。"酒家见武松全然不动,又筛三碗。武松吃道:"端的好酒!主人家,我吃一碗,还你一碗钱,只顾筛来。"酒家道:"客官休只管要饮,这酒端的要醉倒人,没药医。"武松道:"休得胡说!便是你使蒙汗药在里面,我也有鼻子。"店家被他发话不过,一连又筛了三碗。武松道:"肉便再把二斤来吃。"酒家又切了二斤熟牛肉,再筛了三碗酒。武松吃得口滑,只顾要吃,去身边取出些碎银子,叫道:"主人家,你且来看我银子,还你酒肉钱勾么?"酒家看了道:"有余,还有些贴钱与你。"武松道:"不要你贴钱,只将酒来筛。"酒家道:"客官,你要吃酒时,还有五六碗酒哩,只怕你吃不的了。"武松道:"就有五六碗多时,你尽数筛将来。"酒家道:"你这条长汉,倘或醉倒了时,怎扶的你住?"武松答道:"要你扶的不算好汉。"酒家再筛了六碗酒与武松吃了。绰了梢棒,立起身来道:"我却又不曾醉。"走出门前来,笑道:"却不说'三碗不过冈'!"手提梢棒便走。

酒家赶出来叫道:"客官那里去?"武松立住了,问道："叫我做甚么？我又不少你酒钱，唤我怎地？"酒家叫道："我是好意。你且回来我家看官司榜文。"武松道："甚么榜文？"酒家道："如今前面景阳冈上，有只吊睛白额大虫，晚了出来伤人，坏了三二十条大汉性命。官司如今杖限打猎捕户，擒捉发落。冈子路口两边人民，都有榜文。可教往来客人，结伙成队，于巳、午、未三个时辰过冈，其余寅、卯、申、酉、戌、亥六个时辰，不许过冈。更兼单身客人，不许白日过冈，务要等伴结伙而过。这早晚正是未末申初时分，我见你走都不问人，枉送了自家性命。不如就我此间歇了，等明日慢慢凑的三二十人，一齐好过冈子。"武松听了，笑道："我是清河县人氏，这条景阳冈上少也走过了一二十遭，几时见说有大虫！你休说这话来吓我！便有大虫，我也不怕。"酒家道："我是好意救你。你不信时，进来看官司榜文。"武松道："便真个有虎，老爷也不怕。你留我在家里歇，莫不半夜三更要谋我财，害我性命，却把大虫吓我？"酒家道："你看么！我是一片好心，反做恶意，倒落得你恁地说。你不信我时，请尊便自行。"

那酒店里主人摇着头，自进店里去了。这武松提了梢棒，大着步自过景阳冈来。约行了四五里路，来到冈子下，见一大树，刮去了皮，一片白，上写两行字。武松也颇识几字，抬头看时，上面写道："近因景阳冈大虫伤人，但有过往客商，可于巳、午、未三个时辰，结伙成队过冈。请勿自误。"武松看了，笑道："这是酒家诡诈，惊吓那等客人，便去那厮家里宿歇。我却怕甚么！"横拖着梢棒，便上冈子来。那时已有申牌时分。这轮红日，厌厌地相傍下山。武松乘着酒兴，只管走上冈子来。走不到半里多路，见一个败落的山神庙。行到庙前，见这庙门上贴着一张印信榜文。武松住了脚读时，上面写道：

"阳谷县示：为这景阳冈上新有一只大虫，近来伤害人命。见今杖限各乡里正并猎户人等，打捕未获。如有过往客商人等，可于巳、午、未三个时辰，结伴过冈。其余时分及单身客人，白日不许过冈。恐被伤害性命不便。各宜知悉。"

武松读了印信榜文，方知端的有虎。欲待发步再回酒店里来，寻思道："我回去时，须吃他耻笑，不是好汉，难以转去。"存想了一回，说道："怕甚么！且只顾上去，看怎地！"武松正走，看看酒涌上来，便把毡笠儿背在脊梁上，将梢棒绾在肋下，一步步上那冈子来。回头看这日色时，渐渐地坠下去了。此时正是十月间天气，日短夜长，容易得晚。武松自言自说道："那得甚么大虫！人自怕了，不敢上山。"武松走了一直，酒力发作，焦热起来，一只手提着梢棒，一只手把胸膛前袒开，踉踉跄跄，直奔过乱树林来。见一块光挞挞大青石，把那梢棒倚在一边，放翻身体，却待要睡，只见发起一阵狂风来。

那一阵风过处，只听得乱树背后扑地一声响，跳出一只吊睛白额大虫来。武松见了，叫声："呵呀！"从青石上翻将下来，便拿那条梢棒在手里，闪在青石边。那个大虫又饥又渴，把两只爪在地下略按一按，和身望上一扑，从半空里撺将下来。武松被那一惊，酒都做冷汗出了。说时迟，那时快。武松见大虫扑来，只一闪，闪在大虫背后。那大虫背后看人最难，便把前爪搭在地下，把腰胯一掀，掀将起来。武松只一躲，躲在一边。大虫见掀他不着，吼一声，却似半天里起个霹雳，振得那山冈也动。把这铁棒也似虎尾倒竖起来，只一剪。武松却又闪在一边。原来那大虫拿人，只是一扑，一掀，一剪，三般提不着时，气性先自没了一半。那大虫又剪不着，再吼了一声，一兜兜将回来。武松见那大虫复翻身回来，双手轮起梢棒，尽平生气力，只一棒，从半空劈将下来。只听得一声响，簌簌地将那树连枝带叶劈脸打将下来。定睛看时，一棒劈不着大虫。原来慌了，正打在枯树上，把那条梢棒折做两截，只拿得一半在手里。那大虫咆哮，性发起来，翻身又只一扑，扑将来。武松又只一跳，却退了十步远。那大虫却好把两只前爪搭在武松面前。武松将半截棒丢在一边，两只手就势把大虫顶花皮揪住，一按按将下来。那只大虫急要挣扎，早没了气力。被武松尽气力纳定，那里肯放半点儿松宽。武松把只脚望大虫面门上、眼睛里只顾乱踢。那大虫咆哮起来，把身底下扒起两堆黄泥，做了一个土坑。武松把那大虫嘴直按下黄泥坑里去。那大虫吃武松奈何得没了些气力。武松把左手紧紧地揪住顶花皮，偷出右手来，提起铁锤般大小拳头，尽平生之力，只顾打。打得五七十拳，那大虫眼里、口里、鼻子里、耳朵里都迸出鲜血来。那武松尽平昔神威，仗胸中武艺，半歇儿把大虫打做一堆，却似躺着一个锦布袋。

　　武松放了手，来松树边寻那打折的棒橛，拿在手里，只怕大虫不死，把棒橛又打了一回。那大虫气都没了。

武松再寻思道:"我就地拖得这死大虫下冈子去。"就血泊里双手来提时,那里提得动?原来使尽了气力,手脚都疏软了。

武松再来青石坐了半歇,寻思道:"天色看看黑了,倘或又跳出一只大虫来时,我却怎地斗得他过?且挣扎下冈子去,明早却来理会。"就石头边寻了毡笠儿,转过乱树林边,一步步挨下冈子来。

一、检查预习效果,讨论人物性格

教师:今天我们上新课《景阳冈》。同学们,周末在家预习过了吗?

学生:(响亮,兴致勃勃地)预习过了!

教师:大河向东流啊,天上的星星参北斗啊!都说《水浒传》是一部英雄史诗,塑造了很多性格鲜明的英雄人物,武松就是其中之一。武松之所以被称为英雄,和他的打虎是分不开的。本课讲的就是这件事。问:读过此文,你认为武松是英雄吗?讲出理由——可以讨论。

张旭升:我认为武松不是英雄,因为老虎应该受到保护。

方思佩:我不同意他的看法。我认为武松是英雄,因为当时条件下,人的力量不大,老虎很多,经常吃人,而且武松打死的是拦路吃人的老虎,他是在除害。所以武松是英雄。

宗灵锐:我不同意武松是英雄的说法。因为武松打虎不是为了替人除害,而是为了自己……自己不被老虎吃了。他是迫不得已那样做的。

姚文婷:我反对!不管人家是不是为了除害,最终的结果,他打死了老虎。他还是做了一件大好事。所以,事实上,他就是英雄!

教师：还有说的吗?（没有）好，我总结一下：我们都同意在当时特定的环境下，武松打虎是一个为名除害的英雄壮举。可是，我们也知道，武松打虎，从动机上说，不是出于为民除害，而是出于自卫；从胆气上说，武松也不是明知山有虎，偏向虎山行的那种，很大一个原因是他以为没有老虎。他成为英雄，像是被一种看不见的力量推动着，这个力量是什么?

学生：酒力。

教师：酒力只是其中一个外因，更重要的，是武松独特的性格。经过预习，大家应当对武松的性格有所了解，能说一说吗?

学生1：勇敢。

学生2：豪爽。

学生3：倔强。

学生4：侥幸。

教师：侥幸?

学生：对，他一直以为没有老虎，否则他也不一定上冈了。

教师：可是他一度也相信有老虎啊。

学生齐：爱面子!

教师：勇敢、豪放、倔强、爱面子，大家总结得很好。

二、朗读体会人物对话

教师：请打开书，先给课文自然段标出序号（学生做）。多少个段落?

学生：8个。

教师：再看，老虎是在第几段出场的?

学生：第6段。

教师：哦，这也就是说8段中真正写武松打虎的只有——

学生：2段。

教师：其他都写什么事了？

学生：喝酒。

教师：仅仅是喝酒吗？

学生：不，吵着要酒喝。

教师：对！是闹着要酒喝。我们常说酒中见真性，十八碗酒说明什么？

学生1：他酒量大。

学生2：身体好。

学生3：性格豪放。

教师：要酒喝的文字在哪一段？

学生：第1段。

教师：看课文，我们说描写人物可以通过语言、动作、心理活动等多方面进行，在要酒喝这一节里，主要写的是什么？

学生：对话。

教师：分角色读，谁来做武松？（没有人）哈哈哈，人家打虎都敢，你们读都不敢！（夏璇、方思佩举手）

教师：夏璇，你是谁？

夏璇（瘦瘦小小的）：我是酒家。（学生笑）

方思佩（人高马大的，拍着胸脯）：我是武松！（学生又笑）

（两人读，准确流利，有声有色。中间教师提醒夏璇将"我这酒叫做'透瓶香'"读出自豪感）

教师：方思佩啊，不，武松，你的自我感觉如何？

方思佩：我觉得酒家好烦人！我能吃能喝又能打！

教师：（向夏璇）酒家，你如何评价自己？

夏璇：我是一个对顾客负责的好酒家。我觉得武松很直爽，很可爱，但是有点蛮横。

教师：蛮横？你是说他有仗着力大欺负人的倾向吗？

夏璇：那倒不，他是拿银子买酒喝，凭他的力气可以揍酒家，不花钱喝酒的。

教师：哦，酒家你能理解武松啰？

夏璇：能。

教师：所以你……

夏璇：我让他喝。而且我想，反正他今天不能过冈，喝倒了睡就是了。

教师：哈哈，偏偏他不肯住店睡啊。刚才一段是他不听劝阻喝酒，下面一段是——

学生：不听劝阻上冈。

教师：有愿意试的吗？我希望是男生。

（熊伟读酒家，江嘉辉读武松）

教师：武松，你为什么不听劝？

江嘉辉：这道冈我走了很多回了，没听说过有老虎，酒家一定是骗人。

教师：哦，第一多疑，第二只相信自己以往的经验，不相信别人的好言相劝——武松就这样走上了打虎之路。可是，如果换了一人，比如薛老师我，（学生笑）也这样固执多疑，结果会怎么样？

学生：老师被老虎吃了！

教师：多疑和固执，好不好？

学生：不好。

教师：对。尽管它推动着武松成为英雄，但我们在生活中一定要做乐于倾听别人意见的人。除了孩子气的固执和多疑之外，促使他上冈的还有什么原因？

学生：仗着自己力气大。

教师：哪里见得？

学生齐读：就真有老虎我也不怕。

教师：这就是基于自身实力的英雄气。

三、朗读体会人物心理活动

教师：看书，第3、4、5段，是武松遇虎之前一路上的见闻感想。现在路上只有他一个人，能有什么心思，也只好自言自语了。找到描写他自言自语和心理活动的句子，体会一下该怎么读。

学生："这是酒家诡诈，惊吓那等客人，便去那厮家里宿歇。我却怕甚么！"

教师：注意这里的感叹号，再读。

学生："这是酒家诡诈，惊吓那等客人，便去那厮家里宿歇。我却怕甚么！"

教师：这是看见私人警告的反应，武松坚信——

学生：没有老虎。

教师：第5段两处心理活动，谁读？

学生："我回去时，须吃他耻笑，不是好汉，难以转去。""怕甚么！且只顾上去，看怎地！"

教师：说明了他心情怎样？

学生：犹豫，爱面子，还是不大相信。

教师：哈哈，一波三折啊。看下面，武松又来劲了！齐读！

学生："那得甚么大虫！人自怕了，不敢上山。"

教师：最能说明他坚信没有老虎的细节是他酒力发作的时候，竟然——

学生：睡倒了！

教师：想一想，真是天成就大英雄啊，真是命该那只老虎做拳下之鬼啊，如果老虎迟来片刻呢？（学生笑）

四、朗读体会打虎一节

教师：第6、7段是打虎的全过程。生死关头，人的能量被激发到了最大限度，我请三位同学读，希望读出对于双方都是生死攸关的紧张激烈。

（前两位学生读得很好。其他同学跃跃欲试，于是第6段齐读，很有气势）

教师：你们读得很好。老虎被你们打得大半死了，下面的便宜让我来捡吧。"武松放了手……一步步挨下冈子来。"武松精疲力竭挨下冈来，我们的讨论也结束了。下面的时间，各人选自己喜欢的段落读一读。

（铃声响起）

教师：下课！

课后反思：

亮点之一，不固执于"预设的定论"，不勉强将讨论从"英雄气概"提升到"性格决定命运"，有助于培养学生形成独立见解的鉴赏能力。

亮点之二，三个地点（酒店、路上、青石旁），三种表现人物的方式（对话、心理活动、动作形式），扣住这一特点，朗读训练各自有所侧重，既加深了对人物的了解，也有助于学生体味描写人物时学会运用多种方式。

不足之一，由于教师个人在阅读和写作时，尤其对于对话感兴趣，自己对打虎一节的感受不足，所以这里蕴藏着的体现武松机敏、细心等特点没有点明。

　　不足之二，有些教学环节的过渡，原来也可以通过讨论由学生实现，但是教师对于那种"低级琐碎讨论"很不耐烦，以为既耽误时间又使教学氛围松弛，所以就以老师的宣讲顺利带过。比如"酒力只是其中一个外因，更重要的，是武松独特的性格"。这样做，课堂教学效果看似紧凑、激情，但却不利于培养学生的思辨能力。

《猴王出世》
——教学实录——

猴王出世

  海外有一国土,名曰傲来国。国近大海,海中有一座名山,唤为花果山。那座山正当顶上,有一块仙石。其石有三丈六尺五寸高,有二丈四尺围圆。四面更无树木遮阴,左右倒有芝兰相衬。盖自开辟以来,每受天真地秀,日精月华,感之既久,遂有灵通之意。内育仙胞,一日迸裂,产一石卵,似圆球样大。因见风,化作一个石猴。那猴在山中,却会行走跳跃,食草木,饮涧泉,采山花,觅树果;与狼虫为伴,虎豹为群,獐鹿为友,猕猿为亲;夜宿石崖之下,朝游峰洞之中。
  一朝天气炎热,与群猴避暑,都在松阴之下顽耍。一群猴子耍了一会,却去那山涧中洗澡。见那股涧水奔流,真个似滚瓜涌溅。古云:"禽有禽言,兽有兽语。"众猴都道:"这股水不知是那里的水。我们今日赶闲无事,顺涧边往上溜头寻看源流,耍子去耶!"喊一声,都拖男挈女,唤弟呼兄,一齐跑来,顺涧爬山,直至源流之处,乃是一股瀑布飞泉。众猴拍手称扬道:"好水!

好水！原来此处远通山脚之下，直接大海之波。"又道："那一个有本事的，钻进去寻个源头出来，不伤身体者，我等即拜他为王。"连呼了三声，忽见丛杂中跳出一个石猴，应声高叫道："我进去！我进去！"他瞑目蹲身，将身一纵，径跳入瀑布泉中，忽睁睛抬头观看，那里边却无水无波，明明朗朗的一架桥梁。他住了身，定了神，仔细再看，原来是座铁板桥。桥下之水，冲贯于石窍之间，倒挂流出去，遮闭了桥门。却又欠身上桥头，再走再看，却似有人家住处一般，真个好所在。看罢多时，跳过桥中间，左右观看，只见正当中有一石碣。碣上有一行楷书大字，镌着"花果山福地，水帘洞洞天"。

石猴喜不自胜，忽抽身往外便走，复瞑目蹲身，跳出水外，打了两个呵呵道："大造化！大造化！"众猴把他围住，问道："里面怎么样？水有多深？"石猴道："没水！没水！原来是一座铁板桥。桥那边是一座天造地设的家当。"众猴道："怎见得是个家当？"石猴笑道："这股水乃是桥下冲贯石窍，倒挂下来遮闭门户的。桥边有花有树，乃是一座石房。房内有石锅、石灶、石碗、石盆、石床、石凳。中间一块石碣上，镌着'花果山福地，水帘洞洞天'。真个是我们安身之处。里面且是宽阔，容得千百口老小。我们都进去住，也省得受老天之气。"

众猴听得，个个欢喜。都道："你还先走，带我们进去，进去！"石猴却又瞑目蹲身，往里一跳，叫道："都随我进来！进来！"那些猴有胆大的，都跳进去了；胆小的，一个个伸头缩颈，抓耳挠腮，大声叫喊，缠一会，也都进去了。跳过桥头，一个个抢盆夺碗，占灶争床，搬过来，移过去，正是猴性顽劣，再无一个宁时，只搬得力倦神疲方止。石猴端坐上面道："列位呵，'人而无信，不知其可'。你们才说有本事进得来，出得去，不伤身体者，就拜他为王。我如今进来又出去，出去又进来，寻了这一个洞天与列位安眠稳睡，各享成家之福，何不拜我为王？"众猴听说，即拱伏无违。一个个序齿排班，朝上礼拜，都称"千岁大王"。自此，石猴高登王位，将"石"字隐了，遂称美猴王。

一、把握总体叙述结构

教师：同学们好。今天我们学习《猴王出世》。在家读熟了吗？你们不读出味道，我是没兴趣讲的！

学生：读熟了！

教师：本文四个自然段，讲了关于猴王的哪四件事？张旭升你说。

张旭升：第一件事是花果山上有一块石头，那块石头……

教师：我们说的是猴儿，不是蜗牛。请用一句话说明白。

张旭升：第一件事是花果山上石猴出世。

教师："石猴出世"就可以，第二件呢？

严丹妮：石猴跳进瀑布，找水的源头，发现了水帘洞。

教师：石猴探洞！第三件——江嘉辉。

江嘉辉：石猴告诉大家水帘洞里的情景，让大家都搬进去住。

教师：那是一处美不胜收的猴间天堂啊！报告喜讯！你说第四件事。

江嘉辉：石猴称王。

教师：总算有人给我一个利落的有猴气的答案了。再想一想，是石猴自称的王吗？

江嘉辉：不是，是大家先说好谁能安全出入就拜谁为王。石猴安全出入了，大家就拜他做了王。

教师：对。不是自称，是拥立，拥立为王。你们认为石猴该不该做王？为什么？

学生1：该，因为他很勇敢。

学生2：他很聪明。

教师：勇敢、聪明，仅仅有这两条就足够了吗？或者说石猴仅仅有这两条优点吗？

学生3：他给大家带来了幸福生活！

教师：对！这一条十分重要。如果有了足够勇敢和聪明而没有一心为大家的好思想，（师生一起笑）那他也能做王，不过，那很可能是一个欺压大家的暴君、恶王，一个丑陋的统治者，而不是世世代代为我们所喜爱的——

学生：美猴王！

二、读议第1段

教师：熊伟，你读第1段。

熊伟："海外有一国土，名曰傲来国。国近大海，海中有一座名山……夜宿石崖之下，朝游峰洞之中。"

教师：多么流利！估计你们也知道，我是特意找他读的，我怕有同学读得磕磕巴巴坏了我的情绪，因为，关于这个猴子，我有一肚子的话要跟你们说！

电视连续剧《西游记》，有两处让我最为动心，一处是唐僧与女儿国国王游园的情景。我还记得那歌词呢：鸳鸯双栖蝶双飞，满园春色惹人醉。悄悄问圣僧，女儿美不美？女儿，美不美！在我看来，《西游记》的故事到了师徒聚齐，登程取经，就没有意思了。都是一个公式下来的，打不过就求助。

杨默然：而且那些妖怪都是神仙下凡变的。

教师：白骨精就不是啊！大多数妖怪都是神仙下凡变的，神仙妖怪打来打去，真没意思。所以，在我看来，女儿国的故事，是取经路上最美丽也最令人遗憾的故事！

还有一处，就是孙悟空被压五行山那段。你们记得当时的歌声和镜头吗？500年啊，天性最是好动的猴子，一时一刻都坐不住的猴子，生生被寸步难移地压了500年。我还记得那首歌词："五百年桑田沧海，顽石也长满青苔，长满青苔。只一颗心儿未死，向往着逍遥自在。哪怕是野火焚烧，哪怕是冰雪覆盖，依然是志向不改，依然是信念不衰。蹉跎了岁月，激荡着情怀。为什么，偏有这样安排！"

对于孙悟空而言，这500年真是生不如死啊，我以为世界上没有比这更残忍的了。你们还记得吗？孙悟空捶打地面，揪着乱草，无限伤心地看鸟飞在天上，看叶飘在空中，看牧童骑着牛，吹着竹笛，在夕阳映照下慢慢归去。

唐僧把孙悟空从五行山下救了出来，那是救吗？不！五行山只是从他的身上换了一个位置，而且是一个更可怕的位置，五行山变成了紧箍咒，套在了孙悟空的头上。十万八千里的漫漫征途啊，一次又一次念动咒语，一次又一次痛到生不如死。就这样，猴性，也就是唐僧、如来佛祖和玉皇大帝痛恨的野性，在头痛欲裂中一点一点地消失，终于，当取经大功告成的时候，孙悟空也修成了正果，紧箍咒从他头上自动消失。因为这时候的孙悟空已经彻底脱胎换骨，他将不再顽劣，不再造反，不再做令所有大神害怕的事情，在他成了斗战胜佛的那一刻，他其实就死了！记得《宝莲灯》里沉香求助的情景吗？面壁而坐，一意念经诵佛，那还是我们心目中大闹天宫的孙悟空，踢翻了炼丹炉的孙悟空，天不怕地不怕的孙悟空吗？不是，那只是孙悟空的躯壳而已，孙悟空早已在取经途中一点一点被杀死了！

所以在老师看来，《西游记》其实是一部伟大的悲剧。

所以，第1段是我最喜欢的段落，也是最令我伤心的段落。

"那猴在山中，却会行走跳跃，食草木，饮涧泉，采山花，觅树果；与狼虫为伴，虎豹为群，獐鹿为友，猕猿为亲；夜宿石崖之下，朝游峰洞之中。"

多么舒展的文字，多么动人的情景。这就是天性，这就是猴性！这是石猴短暂的美好年华，这是最终消失的幸福时光。请你们读，开始！（学生读）

教师：请读"那猴在山中"到结束，让我听见石猴的自由自在，再读！（学生读）

教师：前面的文字，是石猴的来历。他是大自然的孩子，他是天地精华的结晶，请读出赞美的感觉。（学生读）

教师：连起来，读全段。（学生读）

三、读议第2段

教师：方思佩，你读石猴探洞。

方思佩："一朝天气炎热，与群猴避暑……花果山福地，水帘洞洞天。"

（流畅舒展，有情有韵，无一字之误）

教师：众猴兴致勃勃找水源，允诺谁能安全出入就拜谁为王，这说明什么？（学生面面相觑）我换一个说法，这说明猴子们顽皮好动之外，具有什么样的性格特征？

学生1：好奇心强。

学生2：热爱真理。

教师：哈，说得好。真理是具体的，对于猴子而言，确确实实明白了水的源头，就是找到了他们的真理。他们对于水源的兴趣，就是他们对真理、对智慧热爱的表现。然而，寻求真理和智慧是要付出代价的！摆在他们面前的是要智慧还是要生命的选择，在严峻的考验面前，谁跳出来了？

学生：石猴！

教师：告诉我，石猴探洞是否为了当王？

学生：不是，因为他探洞很可能死掉，死掉了怎么当王？我觉得他是猴子中最勇敢的，也是对智慧最有热情的。

教师：同意！所以，我要说：众猴的选择是没有错的。同学们啊，追随勇敢和智慧也是没有错的！因为他将给你带来精彩美丽的人生！注意了，眼睛看着第二段，齐读——开始！（学生读）

教师：这段文字，我可以分为众猴探源和石猴探洞两部分，知道分在哪里吗？

学生（看一下）：知道。

教师：好！现在读众猴探源，读出热闹和急切的情景，让我听见到该结束的地方，你们齐刷刷，戛然而止！

学生："一朝天气炎热，与群猴避暑……我等即拜他为王。"

教师：太好了，如我所料的好啊。请读石猴探洞，读出对石猴、对水帘洞的赞叹。

学生："连呼了三声……'花果山福地，水帘洞洞天'。"

四、读议第3段

教师：本段前是对话。我读引言，你们读冒号里的话。注意区分众猴和石猴的语气。（读）

教师：注意到了吗？众猴的话都是问号，石猴的话多是感叹号！崇拜和惊奇，自豪和喜悦，都在这小小的标点符号里了！再来！（读）

教师："真个是我们安身之处。里面且是宽阔，容得千百口老小。我们都进去住，也省得受老天之气。"（"我们""千百口老小"，"我们"读重音）你们听出来了吗，石猴为什么这么高兴？仅仅因为自己安全出来，将做王吗？

学生：他为大家找到了一个家。

教师：这是他冒着生命危险找到的好去处啊，他首先想到的是——

学生：大家！

教师：为人民服务！多好的领导啊，他不做王谁做王！读段落后面石猴的话，注意"石锅、石灶、石碗、石盆、石床、石凳"不厌其烦地描述中流露出的喜悦。（学生读）

五、读议第4段

教师：一直是你们读，你们辛苦了，这段我来读。"众猴听得，个个欢喜……遂称美猴王。"（学生边听边笑）老师读得好不好？

学生：好！

教师：想不想试一试？

学生：想！

教师：好，捧书，坐正——开始！

（学生读）

教师：多聪明的石猴，他等大家忙累了才说话，而且这也说明他对大家很了解——他自己就是一只顽劣的猴子嘛！我们怎么看这里的众猴？

学生：可爱，守信用，说话算数。

教师：石猴的王位既是靠自己的智慧、勇气、爱心换得的，也是大家信守诺言的结果。石猴也好，众猴也好，聪明勇敢的程度有不同，但是他们都一样的光明磊落。他们都是纯洁的，也是美丽的，当然最美丽的还得数聪明的、勇敢的、一心为大家谋福利的——

学生：美猴王。

《示儿》
—— 教学实录 ——

示　儿
陆游

死去元知万事空，但悲不见九州同。
王师北定中原日，家祭无忘告乃翁。

一、有感情地朗读

教师：陆游的《示儿》，小学生必读的 80 首古诗里有它吗？

学生：有！"死去元知万事空，但悲不见九州同。王师北定中原日，家祭无忘告乃翁。"

教师：背得很熟，熟得都有点油了！跟唱歌一样，一点悲愤的感觉都没有，可见我们今天的学习是非常有必要的。听我读一遍（对一学生），我知道你会背，我比你背得还熟呢。这只能说明我们的大脑记住了诗句，现在我们要做的是用心去体会，所以——请看书，听老师读。（教师缓慢低沉地读，读罢气氛慢慢凝重起来）请你们读一读，看书！用心！（学生读）

教师：注意第一句表达了万事皆空的叹息，（示范）死去元知万事空。读。（学生读第一句）

教师：注意第二句要表达死不瞑目的悲愤，想一想：该怎么读？（学生读第二句）

教师：第三句是他至死不熄的希望的火焰，语调扬起来！读。（学生读第三句）

教师：第四句，无限遗憾，无限期待，这是他对儿子的临终嘱咐，读出亲切和悲酸的感觉。（学生读第四句）

教师：连起来读。（学生读）

教师：再读。（学生读）

二、解句

教师：这首诗意义浅显，结合后面的注释，我想同学们应当能理解它的意思。注意："死去元知万事空"是一个倒装句，解释的时候，句序应当调整为"元知死去万事空"，元，原本的意思。但，只，只是的意思。请解句，可以讨论。

学生：死去原来就知道……

教师：我原本就知道。

学生：我原本就知道，人死了万事都空了。

教师：什么都不存在了，什么都不值得，也不能够挂怀操心了。请继续。

学生：只是我伤心自己看不见九州的统一，南宋的军队北定中原……

教师："九州"指祖国。北定，向北进军收复中原。

学生：南宋的军队向北进军收复中原的那一天，家里祭祀的时候不要忘记告诉我。

教师：很好。请连起来说。其他同学准备好说自己的理解。

学生：我原本就知道，人死了什么都不存在了，都不用想了，只是我伤心自己看不见祖国的统一。到了南宋的军队向北进军收复中原的那一天,家里祭祀的时候不要忘记告诉我。

教师:注释告诉我们,"王师"是指南宋的军队,那是我们自己的队伍,是收复中原的希望所在,解释成"我们南宋的军队"是不是更亲切些?

(学生同意,另有一人举手,并解句)

教师:好,刚才两位同学是他们主动要求发言的,他们当是我们同学中学习速度较快或者乐于展示自己的。我不知道其他同学都会了没有。

(大部分)学生:会了。

教师:好,再说一两遍,会了的可以巩固。待会儿我点人抽查。遇到困难,请讨论。(点两人,讲得不错)

教师:现在,请带着我们对诗句意思的理解,再次朗读课文。
(学生读)

三、结合时代背景和人物生平,深入体会诗意

教师:好的文学作品是可以供读者做多层次欣赏的。通过刚才的学习,我们用我们的朗读证明了,我们对这首诗的体会已经比之前有了很大提高。人们常说诗歌是时代的反光镜,也是诗人的心灵之歌。下面老师给大家讲这首诗的时代背景和作者的生平,我们试着从更深和更广的意义上理解它。

陆游和南宋抗金名将岳飞是同时代的人。在陆游小时候,金人攻陷宋朝都城汴梁,也就是今天的河南开封,掳走了当时的皇帝和太上皇,让他们在北漠坐井观天——真的是"坐井观天",皇帝父子被丢在枯井里,每日的食物就由上面往下送。想一想:皇帝尚且如此,那些无辜的百姓在金人的铁蹄下遭受的是什么样的命运!从

此以后，中原，也就是北方广大的土地沦落到金人手里，人民遭受烧杀掳掠，无一日不盼望南宋的军队打回来，收复失地。然而，统治者一将首都从汴梁迁移到南方杭州，就忘记了中原的百姓，一意享乐，所谓"山外青山楼外楼，西湖歌舞几时休。暖风熏得游人醉，只把杭州作汴州"，就是当时人们对于当权者的愤怒谴责。

陆游生于战乱时代，从小饱经颠沛流离之苦，日夜盼望能收复中原，日夜盼望可以为收复中原贡献自己的一份力量。然而，当时把持朝政的秦桧哪里容得下主战的爱国人士，岳飞父子最终屈死风波亭。陆游29岁应试，就因为素来"喜论恢复"，名列进士第一的他，竟遭除名。直到秦桧死了三年之后，他才得以出来为朝廷做事，也仅仅是做了一名县官的秘书！他的一生历经坎坷，郁郁不得志，但是，无论遭受什么样的打击，他都不忘收复中原。我们背过他的《诉衷情》，"当年万里觅封侯"——

学生：（接着背）"匹马戍梁州。关河梦断何处，尘暗旧貂裘。胡未灭，鬓先秋，泪空流。此生谁料，心在天山，身老沧洲。"

教师："此生谁料，心在天山，身老沧洲！"空怀一腔报国的热血，心愿不达，壮志难酬。他是在85岁高龄去世的，那时候中原沦丧亦八十多年，可以说他的一生都是在打击、失望、痛苦中度过的。可是，至死，他的一腔热血都没有冷却。这首诗，是他写给自己孩子的一份特殊遗嘱，也是他留给后人的一份宝贵遗产。虽然因为统治者的无能，南宋最终被灭，但是可以更迭的是朝代，永不改变的是诗人的一腔爱国情怀。

之后的一千多年里，每当民族危亡的紧要关头，人们都会情不自禁诵读起陆游的爱国诗词，诵读他面对打击的顽强不屈。我们后面还要学习他的《卜算子·咏梅》。

现在，请大家带着我们对诗句的深刻理解和对诗人的崇高敬

意,再次朗读《示儿》。(学生读)

四、赏阅拓展

教师:陆游一生创作了大量的诗篇,自称"六十年间万首诗",希望同学们能在课余多读读他的作品。下面老师给大家抄录他的另外一首著名的七言诗。

十一月四日风雨大作
陆游

僵卧孤村不自哀,尚思为国戍轮台。
夜阑卧听风吹雨,铁马冰河入梦来。

待学生抄好,教师朗读一遍,学生读一遍,令其自学。

课后反思:

不足之一,第一环节的朗读指导都是齐读,容易笼统划一。如果当时叫一两个学生,根据自己的体会单读,效果会更好些。

不足之二,时代背景和人物生平放在一起讲,过于集中和"整体"。如果将其分开,开始就讲时代背景,由此导入诗篇学习,可能朗读和解句的效果会更好,而且一分为二的另一个好处是学生可以"分次吸纳",层次感有了,受感染的效果可能更好些。

《卜算子·咏梅》
—— 教学设计 ——

卜算子·咏梅

陆游

驿外断桥边，寂寞开无主。
已是黄昏独自愁，更著风和雨。
无意苦争春，一任群芳妒。
零落成泥碾作尘，只有香如故。

一、回忆已经背过的词，引发学习兴趣

我们今天学习陆游的一首词。我想问一下，同学们有背过词的吗？

教师提示：

忆江南

白居易

江南好，风景旧曾谙。日出江花红胜火，春来江水绿如蓝，能不忆江南？

渔 歌 子
张志和

　　西塞山前白鹭飞，桃花流水鳜鱼肥。青箬笠，绿蓑衣，斜风细雨不须归。

　　我们耳熟能详的很多歌唱的就是唐宋词，比如李煜的《虞美人》："春花秋月何时了？往事知多少。小楼昨夜又东风，故国不堪回首月明中……"苏轼的《水调歌头》："明月几时有？把酒问青天。不知天上宫阙，今夕是何年……"歌唱真是普及诗词的一种美丽形式，而词，原本就是填了供人唱的。

二、介绍词的有关知识

　　词是中国古代的一种韵文形式，由五言、七言诗和民间歌谣发展而来，起于唐代，盛于宋代。原是配乐歌唱的一种诗体，句子的长短随歌调而改变，因此也叫长短句。一般分上下两阕。词有不同的词牌，比如"西江月""蝶恋花""念奴娇""沁园春""浪淘沙"等，"卜算子"也是一种词牌名。同一词牌的词，句数、句式都一样。而且词牌和题目不是一回事。在这里，"卜算子"是词牌，"咏梅"才是题目。

三、初读，体会词中情绪，介绍作者，以期知人论事

　　1. 自读陆游《卜算子·咏梅》四五遍，结合后面的解释，想想句子的意思。
　　2. 教师范读。说明上下阕。
　　3. 学生齐读。

4.提问：从这些句子里读出一种什么情绪？（忧愁、孤独、倔强）

关于陆游，老师之前给大家详细介绍过。陆游一生主张北伐抗金，收复中原，统一中国，却一直受到当时统治集团中投降派的排挤、打击。但是，无论遭受什么样的打击，他都绝不向黑暗和丑恶的势力屈服，就像凌寒独放的傲雪之梅，孤独算什么，昏暗算什么，风雨交加算什么，冰覆雪盖又算什么，哪怕我零落于地，被行人和车马碾压成尘埃和泥土，我还有我不散的香气，于空气中宣告我人格的刚强和美丽！

老师讲了不少了，现在请带着我们新的体会再读。（两遍）

四、解句

开无主：无人过问。

著：再加上。

争春：和百花争艳。

一任：任凭。

在驿站的附近，在破败不堪的断桥旁边，在无人过问的寂寞中，梅花开放了。已是黄昏，独自忍受着孤独的煎熬，这时风又刮雨又打，梅花的处境多么凄凉！

不想和百花争艳，任凭百花将我妒嫉。风雨中凋落，践踏下成为尘埃，只有我的骄傲的清香不散。

五、升华，将作品和词人融为一体，加深体会

有一种文字，读着读着，不由自主让人挺直了腰杆，觉得胸中有一股正气在激荡，这就是"零落成泥碾作尘，只有香如故"。因为这不是仅凭才情和笔墨书就的词句，这是作者一生经历和情操的

真实写照。句句写梅花,其实字字在写自己!试着用第一人称解一解句子。

教师解:在驿站附近,在破败不堪的断桥旁边,在无人过问的寂寞中,我静静地开放。黄昏中,独自忍受着孤独的煎熬,风又吹雨又淋,我的处境多么凄凉!

春花啊,我不和你们争艳,群芳啊,我任凭你们妒嫉。风雨中凋零,践踏下成尘,我有我的骄傲,清香如故!

六、拓展

诉衷情
陆游

当年万里觅封侯,匹马戍梁州。关河梦断何处,尘暗旧貂裘。胡未灭,鬓先秋,泪空流。此生谁料,心在天山,身老沧洲。

卜算子
王观

水是眼波横,山是眉峰聚。欲问行人去那边?眉眼盈盈处。才始送春归,又送君归去。若到江南赶上春,千万和春住。

《闻官军收河南河北》
—— 教 学 设 计 ——

闻官军收河南河北

杜甫

剑外忽传收蓟北,初闻涕泪满衣裳。
却看妻子愁何在,漫卷诗书喜欲狂。
白日放歌须纵酒,青春作伴好还乡。
即从巴峡穿巫峡,便下襄阳向洛阳。

一、了解学生对诗作和诗人的了解情况

1. 今天我们要学习《闻官军收河南河北》。这是小学生必背古诗 80 首中的一首,有会背的吗?能讲讲它的意思和表达的感情吗?

2.《闻官军收河南河北》的作者是唐代大诗人杜甫。我想问一下同学们,对于杜甫,你们有哪些了解?关于他的生平能说出只言片语即可,关于他的诗作无论课内课外,能背诵一两首也行。

二、介绍诗人生平及其所处时代背景

杜甫生活在唐代由盛而衰的转折时期,唐王朝由盛而衰的一个重要原因是安史之乱。安,安禄山;史,史思明,两股叛军气势

最为嚣张的时候，一度占领了首都长安，逼迫朝廷迁都，皇帝尚且流离失所，广大人民更是苦不堪言。"孟冬十郡良家子，血作陈陶泽中水。野旷天清无战声，四万义军同日死。"陈陶之战中，唐军大败，四万战士一日亡尽，无数父母痛不欲生。"兔丝附蓬麻，引蔓故不长，嫁女与征夫，不如弃路旁。"新婚之夜刚过，新郎就赴战场，从此生死未卜，这是人世间最为凄惨的《新婚别》。"感时花溅泪，恨别鸟惊心。烽火连三月，家书抵万金。"这表达了在朝不保夕的战乱时期对亲人的牵挂。肝肠寸断，心有千千结，故乡遥遥，亲人离散，饥寒交迫，命悬一线。这一时期，杜甫创作了大量诗篇，既反映了人民的巨大痛苦，也表达了人民对和平、统一、安宁的热切期盼。

《闻官军收河南河北》，写于公元 763 年。在这一年的春天，发生了一件惊天动地的事情：安史之乱终于平定，安史叛军的老巢——蓟北，被唐王朝的军队收复了。这就意味着，漂泊流离的日子终于可以结束，受尽思乡之苦的人可以回到故乡的怀抱了。这一年杜甫 52 岁，由于长期颠沛流离，他的身体早已衰弱。

小学生必背古诗 80 首里有一首《绝句》我们可能读过："迟日江山丽，春风花草香。泥融飞燕子，沙暖睡鸳鸯。"同时写成的还有，"江碧鸟逾白，山青花欲燃。今春看又过，何日是归年？"年老体弱的他，从充满希望到遭受失望打击的他，还以为今生今世再也回不到家乡，必定埋骨异地。现在，叛乱平定了，这是天大的喜讯啊，这是从天而降的狂欢啊！

这就是《闻官军收河南河北》的写作背景。可能你早已读过，也可能你第一次接触，不管怎样，我相信老师刚刚的讲述会使你对这首诗有所感。我们先反复地读这首诗，同时想想句子的意思。

三、初读

1.一两个学生试读（指出"白首"比"白日"更好。裳读cháng）

2.教师范读。

3.学生再读。

四、讲解诗句

1.告诉我，你读这首诗，感觉洋溢在字里行间的是一种什么情绪？（欢乐）从哪些字眼看出的？（涕泪满衣裳、喜欲狂、放歌须纵酒）

2.读、解前两句，交代了高兴的原因，又惊又喜，喜极而泣。（我在远离家乡的四川，忽然听官军收复了叛军的老巢，一听到这个喜讯，我高兴得热泪落满了衣裳）

3.学习三、四两句。

读。

擦擦蒙眬的泪眼，诗人转头看看他的家人，多年来相依为命，多年来一样在痛苦忧伤中辗转煎熬的家人，今天他们怎么样？（再看看我的夫人和孩子，他们的愁容，不知道消失到哪里去了。我胡乱地收拾着诗书，欢喜得几乎发狂）读诗写诗对杜甫而言有着特殊的意义。漫长痛苦的岁月里，诗是他最可靠的精神伴侣，是他不可替代的精神寄托。他说过：读书破万卷，下笔如有神。他的一生可以说是手不释卷，可是今天，在巨大的欢乐的浪涛冲击下，他根本读不进去了！读不进去就收拾起来吧，可是收拾也无法好生收拾了，他在胡乱地卷，胡乱卷起来的不仅是案上的诗书，更是他心头幸福的波涛。

再读三、四两句，然后连读前四句。

4.学习五、六两句。

读。

"白首",喻指我这白发苍苍的老头子。"青春",明艳美丽的大好春光。

(因为快乐,我这白发苍苍的老头子又是放声地唱,又是尽情地喝酒;有明媚的春光相伴,我正好返回故乡)

前面五句都是写实,现在写到他心里的打算了——什么打算?一刻也不能等了,我要回家乡!长路遥遥,水路、陆路有多么艰难的跋涉在等待着他,可是,足下千万里的征程,在作者心里,仿佛瞬间可以到达!他是怎么写的?

5.学习七、八两句。

读。

注意到这两句的奇特之处了吗?

四个地名的连用已是难得,用地名串成对联,更是难得,一句话里面,又有同字的巧对,这是千古绝唱!仿佛天赐佳句,仿佛妙手偶成,内蕴多少工夫,只有诗人自己知道。语不惊人死不休,这是杜甫一生的艺术追求,他达到了!这是一首七言律诗。我国的七言律诗,在杜甫手里成熟并达到了顶峰,所谓"清水出芙蓉,天然去雕琢",最流畅的语言里,有着最高远的艺术境界。他的很多绝句也是处处成对的,比如"两只黄鹂……"。律诗要求的是三四对偶,五六对偶,可是,在这里,七、八两句,不但对仗,而且对出了一泻千里的速度,对出了归心似箭的心情。这是戴着格律的镣铐跳出的至为美丽的艺术之舞。

巴峡—巫峡—襄阳,是水路。记得李白诗云,"两岸猿声啼不住,轻舟已过万重山",就是这个速度,就是这种心情!(我立刻就从巴峡登舟,我的船,像箭一样穿过巫峡,顺流而下到达襄阳,然后我弃舟登岸,我风尘仆仆,我急不可待地去往阔别多年的家乡洛阳去了)故乡啊,母亲啊,漂泊多年的孩子回来了,您还记得他吗?

请读出一腔热的血,一怀燃的情。

后四句连读。

6. 全诗连读。

贯通起来讲诗句。

开头我们说了诗歌写于公元763年,由于生活的艰辛和时局的动荡,杜甫的诗大多沉郁顿挫,这是作者平生第一快诗。可是,由于地区局部战乱还在继续,由于物质条件过于匮乏,也由于当时交通条件的限制,作者依然过着漂泊的生活,衣食无着,朝不虑夕。终于在7年之后的公元770年,杜甫59岁,病逝于湘江的一条小船上,也有人说他活活饿死在回乡的途中。知道了这些,再读《闻官军收河南河北》,真是悲欣交集,感慨万端。无论社会发展到什么时代,对于民众而言,和平、统一、安定的生活环境永远是最重要和最可贵的。对和平、统一、安宁的呼唤,是杜甫一生创作的主题,也是古往今来广大人民共同的心愿,从这种意义上说,杜甫是属于古往今来全体善良人民的,他不愧为诗圣。

让我们带着对诗人的景仰以及同情,带着对国家、世界和平与安宁的祝愿,再读这首诗。

《匆匆》

—— 教 学 设 计 ——

匆　匆

朱自清

燕子去了，有再来的时候；杨柳枯了，有再青的时候；桃花谢了，有再开的时候。但是，聪明的，你告诉我，我们的日子为什么一去不复返呢？——是有人偷了他们吧：那是谁？又藏在何处呢？是他们自己逃走了吧：现在又到了哪里呢？

我不知道他们给了我多少日子；但我的手确乎是渐渐空虚了。在默默里算着，八千多日子已经从我手中溜去；像针尖上一滴水滴在大海里，我的日子滴在时间的流里，没有声音，也没有影子。我不禁头涔涔而泪潸潸了。

去的尽管去了，来的尽管来着，去来的中间，又怎样地匆匆呢？早上我起来的时候，小屋里射进两三方斜斜的太阳。太阳他有脚啊，轻轻悄悄地挪移了，我也茫茫然跟着旋转。于是——洗手的时候，日子从水盆里过去；吃饭的时候，日子从饭碗里过去；默默时，便从凝然的双眼前过去。我觉察他去得匆匆了，伸出手遮挽时，他又从遮挽着的手边过去；天黑时，我躺在床上，他便伶伶俐俐地从我身上跨过，从我脚边飞去了；等我睁开眼和太阳再见，这算又溜走了一日；我掩着面叹息，但是新来的日子的影儿又开始在叹息里闪过了。

在逃去如飞的日子里，在千门万户的世界里的我能做什么呢？只有徘徊罢了，只有匆匆罢了。在八千多日的匆匆里，除徘徊外，又剩些什么呢？过去的日子如轻烟，被微风吹散了，如薄雾，被初阳蒸融了。我留着些什么痕迹呢？我何曾留着像游丝样的痕迹呢？我赤裸裸来到这世界，转眼间也将赤裸裸地回去吧？但不能平的，为什么偏要白白走这一遭啊？

你聪明的，告诉我，我们的日子为什么一去不复返呢？

一、自读，发声读两遍

用"？"和"＿＿"画出你的疑问点和你喜欢的语句，以及让你有感触的语句。

二、交流自读收获，了解作者，把握课文主旨

1. 学生质疑。

2. 你们对朱自清有所了解吗？他是我国著名的诗人、散文家、学者和民主战士。江苏扬州人，曾在中学和清华大学、西南联大等学校任教。抗日战争结束之后，积极支持反对国民党统治的学生运动。1948年8月拒绝接受美国的救济粮，因病在北平逝世。

3. 课文反复问了什么问题？

"我们的日子为什么一去不复返呢？"

你们曾经这样问过吗？比如："怎么天就黑了呢？""怎么暑假

就结束了呢?""怎么就上六年级了呢?"如果有,问的时候你是什么心情?作者有没有回答?课文中流露出什么情绪?(时间匆匆,紧迫,无奈,焦灼)

4.表达这种紧迫、无奈、焦急,并且勉励自己珍惜时间的名句,你们还听说过哪些?交流汇报。

教师可能做的补充:《明日歌》"我生待明日,万事成蹉跎"、《长歌行》"少壮不努力,老大徒伤悲"、《短歌行》"对酒当歌,人生几何"、《论语》"子在川上曰,逝者如斯夫"、《满江红》"莫等闲,白了少年头,空悲切",这些都是。就连《东风破》的歌词"谁在用琵琶弹奏一曲东风破,枫叶将故事染色,结局我看透。篱笆外的古道我牵着你走过,荒烟蔓草的年头,就连分手都很沉默"所蕴含的,也有对少年时光一去不返的伤感和叹息。

三、扣住"匆匆",反复朗读课文第1、2、3、4段

在朗读中品味、体会作者的感受,激发对时间和生命的珍惜之情。此环节是教学重点,要随处生发,读议互动,让人知道朗读水平和感悟深度。

"匆匆"——什么匆匆?时间匆匆。匆匆意味着焦急,你从文章中读出焦灼了吗?你认为哪些句子最能让你有焦灼的感觉?

学生单读,该学生谈感想,教师紧扣关键词指导朗读,教师谈感想,再单读,齐读一到两次。

四、最后一段齐读:"我们的日子为什么一去不复返呢?"

1.作者回答了吗?为什么没有?

是的,时间的逝去是挡不住的,叹息没有用,流泪也没有用,我们唯一能做的,是珍惜时间。这是留住时间的唯一方法。不珍惜

时间、不努力的人，其实没有活过，他们被时间抛弃了。如果你抓紧时间，你可以乘着时间的船，领略生命的精彩和美好。然后，安详无悔地迎接衰老和死亡的到来，生如夏花，死如秋叶。

2.作者的紧迫感和他的文学成就之间的关系。

24岁，正处于彷徨、苦闷的日子中，他说："我深感时日匆匆的可惜，自觉以前的错处与失败，全在只知远处、大处，却忽略近处、小处，时时只是做预备的工作，时时都不曾有正经的工夫，不免令人有不足之感！"他决意今后要从小处、近处着手，即要切切实实做些事，他认为每一刹那有每一刹那的意义和价值，应当珍惜每一刹那，所以写下了《匆匆》。

五、讨论

我们应当怎样对待自己所拥有的宝贵生命，你认为怎样才能不虚此生？

关于渴望留下"痕迹"的备用资源——张晓风《近照及其他》的片段：

> 出版社方面常说要给张"近照"。而我一向懒得照相，竟然有时硬是拿不出来。
>
> 前些日子，因为牙医的要求，我去一处专照X光的地方照了张侧面的头像。交给牙医之前我自己先瞥了一眼，哇！当下不禁大惊失色！天哪！分明是一张髑髅头嘛！奇怪，以前看到髑髅的时候，怎么从来就不曾联想到自己？原来，长在我的黑眸与红颜的皮相之下的，竟然完全就是这种森森白骨。
>
> 啊！我一时找不到"近照"，却无意间截获了我的

"未来之照"。原来，将来，某一天，我就是这个样子。我几乎有点想把这幅"侧面髑髅"寄给出版社。

而此刻，我因而愁惨吗？不，我想，趁我的双眼尚不是空洞的凹槽之前，让我观看，并且留痕吧！趁我的双耳尚未腐作尘泥之先，让我倾听并且转述吧！趁有鼻可嗅，趁有肌肤可以触知，趁有舌可以叹息，趁有泪可长流……

将来，有一天，我会是和众生同其形模的枯骨。究竟"旧照"是我？"近照"是我？还是那张"未来之照"是我呢？我想那都只是一时之我吧？

也许，真正留住我容颜的，是这些美丽的方块字的魂魄吧！

其实，这段话可以说是对朱先生一生的注解。先生1948年去世，离今几十年，几十年中逝去的，名字比尸体烂得更早的人，千千万万。然而，今天在这里，我们读他的《匆匆》，将来我们还要读他的《荷塘月色》《桨声灯影里的秦淮河》，如果你喜欢，你会更多地读他的著作。你会觉得他在和你对话，那么优雅、清新、真诚、细腻——因为，美丽的方块字，已经永远地留住了他的生命和心灵。

这便是命运，对于一个勤奋、珍惜生命的人的回报。

六年级了，大家可以在课外读朱先生的散文，也建议大家读一读张晓风的文字。

《难忘的启蒙》
—— 教 学 实 录 ——

难忘的启蒙

沙健孙

我时常怀着深深的感激之情，思念着我的启蒙老师们。是他们，在我童稚的心灵里播下美好的种子，教导我：要爱祖国，要勤勉，要做一个正直、诚实的人。几十年过去了，老师们的话仿佛还在我的耳边回响。

我的启蒙学堂叫竺西小学，它坐落在一个江南小镇的街外。我还依稀记得那狭窄的天井，晦暗的教室和没有座位、只有一个石砌的小"舞台"的礼堂……记得在这个礼堂里我们有过的永生难忘的集会。

那大概是1942年，沦陷时期的艰难岁月，我上小学三年级的时候。老师们曾组织全校的学生在这里举行过多次抗日讲演比赛。我也登过台。讲演稿是级任老师冯先生帮我写的。

学校离日本兵的炮楼很近，只二百来米。讲演比赛时，专门有人在校门口放哨，见到日本兵或翻译官经过，就跑进来报告，讲演随即暂时停止，大家一起唱歌。

那时我还小，不大懂得这件事可能带来的后果。后来，当我知道日本侵略者是怎样残忍地虐杀中国的爱国者的时候，我对老师们的勇敢，不能不从心底里感到无限的敬佩。

我虚岁六岁就上学了，年纪小，上课时总很规矩地坐在前排，老师们都很喜欢我。他们说过不少表扬我的话，这些我已经淡忘了；可我还是免不了受到批评乃至惩戒，这方面的情景我倒是至今未曾忘却。

在班上，作文和写字算是我的"强项"了，然而就是在这两门课上，我也受到过申斥。有一次作文，题目是"记秋游"。在文章的开头，我说："星期天的早晨，我和几个同学在西街外的草场上玩，忽然闻到一阵桂花香，我们就一起到棠下村摘桂花去了。"陈先生阅后在末尾批了"嗅觉特长"四个字。我不明白这批语的含义，就去问。先生板着面孔对我说："棠下离这儿有三里路，那里的桂花香你们也闻得见，难道鼻子有这么长吗？"这话有点刺伤我，不过我还是感到羞愧，因为我确实没有闻到桂花香，开头那几句是凭想象编造出来的。有一次上大字课，老师在发本子时把我叫到讲台前，严肃地对我说："你这次的成绩是丙，丙就是及格了，可对你来说，这是不及格，因为你本该得甲的。以后再这样，就要打手心了。"当着全班同学的面这样说我，我感到有点难堪，不过我心里还是服气的，因为那节大字课的前半堂我尽和同座的同学说悄悄话了，字确实写得很不用心。

在我的印象里，只有对一门课，老师们的态度特别宽容，那就是翻译官上的日语。即使逃课，老师们也是不管的。从这种宽严之间，我们这些小学生也领悟到了老师们没有明说的某些道理。

　　解放后的第二年，我到北京参加了工作。从那以后，漫长的岁月过去了，经历的事情许多也已淡忘，而少年时代生活的情景，启蒙老师们的音容笑貌，还不时地在我的记忆中浮现，引起我的思念和遐想。

　　从五十年代后期开始，我也走上了我的启蒙老师们走过的路，成了一名教师。当我站在讲坛上向年轻人宣讲自己所崇奉的信念的时候，我会想起我的启蒙老师们。我由此想到，老师们在平凡的教学岗位上付出的一切不会是徒劳的。既然我的老师们播下的种子在他们学生的身上开花结果了，为什么我们播下的种子不会在自己学生的身上开花结果呢？

教师：同学们好。今天我们学习新课《难忘的启蒙》，请大家把书打开。昨天老师已经布置了预习，阅读提示里有一个问题：课文主要写了哪几件事，这几件事表现了启蒙老师怎样的品质？谁来回答？（同学举手）谢超你说。

谢超：写了三件事。一、老师带领他们举行抗日讲演比赛；二、老师对他严格要求，批评他作文不好、大字不好；三、老师对他们日语课逃课也不管。说明了老师爱国，对学生负责任，而且很正直。

教师：回答得很好。我们给文章标上序号，并且各人选出自己最感兴趣的段落读一读，谈谈感受。准备得快的同学可以多选择一两处。

张美君：我读第1自然段。"我时常怀着深深的感激之情，思念着我的启蒙老师们。是他们，在我幼稚（教师：童稚）在我童稚的心灵里播下美好的种子，教导我：要爱祖国，要勤勉，要做一个正直、诚实的人。几十年过去了，老师们的话仿佛还在我的耳边回响。"我觉得，这位同学，啊不，这位作者，对自己的启蒙老师很有感情，都几十年过去了，他还记得他们、怀念他们，也说明他的老师确实很好。我很感动。

教师：你也确实读得很好。有一个词，统领整个段落，其实也贯穿了你刚才朗读的感情？是哪个词？

张美君（其他同学轻声）：感激。

教师：很好。来，我们齐读，读出作者对启蒙老师的感激之情。

（学生齐读）

夏璇：我读第6段。"我虚岁六岁就上学了，年纪小，上课时总很规矩地坐在前排，老师们都很喜欢我。他们说过不少表扬我的话，这些我已经淡忘了；可我还是免不了受到批评乃至惩戒，这方面的情景我倒是至今未曾忘却。"我觉得作者作为一个经常受到表扬的好孩子，能正确对待老师的批评乃至惩罚，知道老师是为他好，这一点很值得我们学习。

教师：哈哈，夏璇的选择初听出乎我的意料，现在我觉得这一段真是于平常中见出了孩子，其实也是一般人的心理。所谓物以稀为贵，表扬多了，批评难忘；批评多了，表扬令人兴奋！这样的体验你们有吗？

宗灵锐：一年级的时候，我们都喜欢在第一遍上课铃声响起之后探头看老师来了没有。有一次我也看，被薛老师逮住了。你很生气，罚我们全班坐了整整一堂课。

教师：你的记忆确切吗？

宗灵锐：确切。

教师：我有那么残忍吗？

宗灵锐：不是老师残忍，是我们太不像话。

教师：惭愧！太惭愧了！宗灵锐，今天你做了我的老师，向我指出了自己当时没有感觉到，之后更是忘到九霄云外的粗暴行为。下学期我又要带一年级了，我一定记得你的批评，我要温和地、好好地待那些小弟弟小妹妹。

姚文亭：三年级的时候，有一次我数学老订正不好，蒋老师就打了我的手心。

教师：蒋老师已经退休了，我替她记住这个教训吧，因为我也是一个性情急躁的人。好，我们齐读这一段，你们带着你们的感觉读，我带着我的感觉听。相信我们都能从中得到教益。

（学生齐读）

李子涵：我读第7段。"在班上，作文和写字算是我的'强项'了……字确实写得很不用心。"我觉得这位老师批阅作文很细心，而且对好学生提出严格要求，这是根据各人不同情况进行教育。

教师：作文诚实和做人正直其实是一脉相连的，老师教他老老实实地写，其实也是在教育他怎样做人。这里还告诉我们，如果你在集体中比较优秀，就要盯住更高的目标，不能因为自己比下有余就有所松懈；如果你在集体中实力比较弱，也不要灰心，要跟自己比，只要自己在努力，在进步，就要给自己以鼓励。当然，要习惯了表扬的人接受批评，也是有一定难度的。类似的体验，你们有吗？

熊伟：有一次，我数学课上讲话，李老师把我叫到办公室谈话，结果艾老师看见了，把我说了一大通；奚老师看见了，又把我说了一大通。我都懊恼死了，差一点儿哭出声来！

教师：哈哈哈！当时你一定恨透了"多管闲事"的那两位老师吧？

熊伟：就是觉得自己怎么这么倒霉！

教师：三对一，有效果吗？

熊伟：我再也不敢上数学课讲话了！

教师：本文行文十分朴素，虽然和我们的生活经历时隔了七八十年，可是读来我们依然觉得很亲切，因为他写的是今昔中外一样的小学生的心态。好，注意看第7段，我们齐读。

（学生齐读）

方思佩：我读最后一段。"从五十年代后期开始，我也走上了我的启蒙老师们走过的路……为什么我们播下的种子不会在自己学生的身上开花结果呢？"作者后来也做了教师，由于他童年时代遇到很好的老师，他看到老师的教育在他身上发生作用了，他相信自己对学生的付出也不会白辛苦。

教师：你的话再次提醒我注意自己对你们所起的作用，启蒙老师的影响真是太大了，很多孩子就是由于遇到好的启蒙老师而立志当一位好老师的。你们中有人想当老师吗？说说原因。（只有一两个人举手）

教师：太遗憾了。李子涵，你说说。

李子涵：我上课喜欢讲话，我从小就想，当老师多好啊，上课可以想怎么讲就怎么讲。

教师：哈哈哈哈！就像你们薛老师这样！张美君，你说说。

张美君：不是所有老师都像薛老师这么有福气，遇上我们这么好的学生。大多数老师成天面对又多又调皮的孩子，他们还不爱学习，太苦太累了！所以，我不想当老师。

教师：理由成立。明年我就要开始太苦太累的生活了。张美君的话听完让人觉得很低落，但说明她是知道教师职业的艰辛的，我很感动。不过我要告诉你，任何一行，要想做好，都是要吃苦受累的。方思佩，你想说什么？

方思佩：老师，希望你不要生气，我想做的职业是演员，进入演艺圈。

教师：白带你这么多年了，原来在你眼里，我是这么保守！做演员没有什么不好，方思佩，朝自己的目标奋斗吧，做一个正直、敬业、德艺双馨的好演员。天啊，我们怎么说到这里了，回到课文吧，我们是从读发散出去的，现在，我再由读回到文章。看到第7段了吗？读！

（学生读）

江嘉辉：我读第5段。"那时我还小……我对老师们的勇敢，不能不从心底里感到无限的敬佩。"当时的老师们，冒着被虐杀的危险，带领他们举行抗日演讲，这一点很令人钦佩。

教师：知道什么叫虐杀？

学生：知道。残忍地杀害，比如活活烧死，活埋，让狼狗咬死。

教师：日兵的炮楼就在200米处，这样做需要多么大的勇气啊！我们还知道，当时沦陷区的孩子被迫学习日语，接受奴化教育，如果没有人教育他们，他们真的就在不知不觉中变成忘记国耻的亡国奴了！这也是老师替他们写讲演稿的原因，孩子们懂得爱国道理就是从读稿、听讲演开始的。电视剧《四世同堂》里有这样的情节，一个血气方刚的车夫把日本兵拉到偏僻的地方痛打，起先那个日本兵还用日语骂呢，后来冒出中国话了，原来他是台湾人。1894年甲午中日战争以后，台湾就处在日本的统治下。其实当时很多所谓的"日本人"，就是从小被奴化了的台湾青年。作者的启蒙教师之所以冒着死亡的危险向他们灌输爱国抗日的思想，就是不愿类似的事情发生。现在，让我们带着对课文感情的体会，朗读第3、4、5段。

（学生读）

李佳佳：我读第8段。"在我的印象里，只有对一门课，老师们的态度特别宽容，那就是翻译官上的日语……"我觉得，这一段和前面老师对大字、作文的严格要求形成对比，正说明了老师的爱国之心。

教师：你的理解很好，我再做些补充说明。在当时的情况下，日占区的孩子们是被强制着学习日语的。日本人希望通过这种方式让孩子们忘记自己的祖国和祖国的传统文化，让他们从心里认为做一个中国人是可耻的，只有日本文化才是优秀文化，只有日本的历史名人才是英雄。对于中国人而言，这是和肉体上的杀害一样残酷的精神杀戮。所以在当时那种特定情况下，老师对大字、用汉字写成的作文的严格要求，就是一种爱国的表现！他们在用他们的方式，竭尽全力让孩子记住自己的祖先，记住自己是中国人。

抗日战争已经结束很多年了，可是无论历史发展到哪一天，我们热爱自己民族的文化，学好自己祖国的语言文字都是一种最起码的爱国的表现。在现在的大环境下，作为语文教师也好，作为小学生也好，重读那段历史，是很有必要的。曾经，在中国的土地上，用汉语宣讲爱国的道理，竟然要冒被虐杀的危险！连作文中一处编造都不放过的老师，连一次大字写不好都要打手心的老师，竟然对于日语课的逃课听之任之，在这宽与严之间，包含多少无奈，多少愤懑。请读这一段。

（学生齐读）

教师：文章结尾一段写道："当我站在讲坛上向年轻人宣讲自

己所崇奉的信念的时候，我会想起我的启蒙老师们。"所谓"崇奉的信念"，就是坚定不移的做人的道理，告诉我，作者的启蒙老师给了他们什么样的信念？

曹健宇："要爱祖国，要勤勉，要做一个正直、诚实的人。"

教师：很好。这就是当时的老师们在他心里播种下的美好的种子。联系到自己的经历，作者怎能不对自己工作的意义充满信心！所以他在最后充满感激也充满自豪地说——

学生："既然我的老师们播下的种子在他们学生的身上开花结果了，为什么我们播下的种子不会在自己学生的身上开花结果呢？"

教师：我是老师，我需要这样的告诫，需要这样的鼓励。当它来自你们的时候，就尤其可贵了。同学们，为了我，也为你们自己，请再读这一句。

学生："既然我的老师们播下的种子在他们学生的身上开花结果了，为什么我们播下的种子不会在自己学生的身上开花结果呢？"

教师：谢谢，下课。

课后反思：

这是一堂典型的家常课，不做预设，随读随议，处处生发。我的大多数课文课都是这样上的，自己和学生都喜欢。

《三克镭》
—— 教学实录 ——

三 克 镭

迪克·格莱格利

1920年5月的一个早晨,一位叫麦隆内夫人的美国记者,几经周折终于在巴黎实验室里见到了镭的发现者。端庄典雅的居里夫人与异常简陋的实验室,给这位美国记者留下了深刻印象。此时,镭问世已经18年了,它当初的身价,每克曾高达75万金法郎。美国记者由此推断,仅凭拥有这项专利,眼前这位夫人早就富甲一方了。

但是,居里夫妇18年前提炼出第一克镭时,就毫无保留地公布了镭的提纯方法。居里夫人的解释异常平淡:"没有人应该因为镭致富,它是属于全人类的。"

麦隆内夫人困惑不解地问:"难道这个世界上就没有您最想要的东西吗?"

"有,一克镭,以便继续我的研究。可18年后的今天我买不起,它的价格太贵了。"

这出乎意料的回答,使麦隆内夫人感到惊讶。镭的提纯技术已使世界各地的商人腰缠万贯,而镭的发现者却如此困顿！她立即飞回美国，打听到一克镭在美国当时的市价是10万美元，便先找了10个女百万富翁，以为同是女人又有钱，她们肯定会解囊相助，万万没想到都碰了壁。麦隆内夫人意识到，这不仅仅是一次金钱的需求，更是一场公众理解科学、弘扬科学家品格的社会教育。于是，她在全美妇女中奔走宣传，最终获得成功。1921年5月20日，美国总统将公众捐献的一克镭赠予居里夫人。

数年之后，当居里夫人想在自己的祖国波兰首都华沙创设一个镭研究院，用于治疗癌症的时候，美国公众再次向她捐赠了一克镭。

一些人认为，居里夫人在对待镭的问题上固执得让人难以理解，在专利书上签个字，所有的困难不是都可以解决了吗？居里夫人在后来的自传中回答了这个问题："他们所说的并非没有道理，但我仍相信我们夫妇是对的。人类需要勇于实践的人，他们能从工作中取得极大的收获，既不忘记大众的福利，又能保障自己的利益。但人类也需要梦想者，需要醉心于事业的大公无私。"

居里夫人一生拥有过三克镭。这三克镭体现了一个科学家伟大的人格。

一、宣讲，导入课文

教师：同学们好！今天我们学习《三克镭》。故事的主人公是谁？

学生：居里夫人。

教师：关于居里夫人，你们有所了解吗？没人说？交流一下。

方思佩：我知道居里夫人小时候家境十分贫寒，她年轻的时候做过家庭教师，后来去法国留学。她的丈夫是被马车撞死的，她获得了诺贝尔奖。

教师：请大家一边看着插图，看这插图上端庄典雅中略微含着忧郁和严肃的居里夫人像，一边听老师说。

居里夫人的一生，是圣洁、伟大的一生，作为1903年诺贝尔物理学奖和1911年诺贝尔化学奖的获得者，居里夫人被誉为20世纪最伟大的女性科学家。她在科学上所取得的伟大成就和她的高尚品质交相辉映，成为照耀人类精神夜空的灿烂星斗。

居里夫人去世之后，爱因斯坦在著名的讲演《悼念玛丽·居里》中如此说道："刚强的意志，高尚的品德，卓越的才智，所有这一切都难得地集中在了一个人的身上。我幸运地同居里夫人有20年崇高而真挚的友谊。我对她的人格的伟大愈来愈感到钦佩。她在任何时候都意识到自己是社会的公仆，由于社会的严酷和不平等，她的心情总是抑郁的。这就使得她具有那样严肃的外貌。居里夫人的品德力量和热忱，哪怕只要有一小部分存在于欧洲的知识分子中间，欧洲都将迎来一个比较光明的未来。"这样的评价，且是出自爱因斯坦，可以说是高到了无与伦比。居里夫人是否当得，相信学过课文，我们就能得出结论。

二、总体把握课文

教师：看书，请读课题。

学生：三克镭。

教师：再读。

学生：三克镭。

教师：告诉我，题目为什么叫"三克镭"？

陈屹超：居里夫人一生拥有过三克镭。这三克镭体现了一个科学家伟大的人格。

教师：哦，你用课文结尾一句话回答了我。很好，这是两个朴实无华的句子，无限崇敬尽在其中。请大家看最后，齐读。

学生：居里夫人一生拥有过三克镭。这三克镭体现了一个科学家伟大的人格。

教师：谁来告诉我，居里夫人是如何拥有三克镭的？

张旭升：第一克镭是她自己提炼出来的，第二克镭是美国公众捐赠的，第三克也是美国公众捐赠的。

教师：我们给课文的段落标上序号，我们按课文叙述顺序走近居里夫人。

三、按顺序读议课文

教师：谁来读第1段？没有？同学们往往如此，听老师讲了一些之后，因为有了新的感触，原来以为很满意的朗读，自己也觉得不称心了，需要在下面练一练，是不是？好，准备吧。

江嘉辉：1920年5月的一个早晨，一位叫麦隆内夫人的美国记者，几经周折终于在巴黎实验室里见到了镭的发现者……

教师：初次见面的情形，给麦隆内夫人以巨大的心理冲击，或者说是强烈的震撼。江嘉辉，告诉我，老师的话何以见得？

江嘉辉：端庄典雅的居里夫人与异常简陋的实验室，给这位美国记者留下了深刻印象。

教师：喜欢这一句吗？

江嘉辉：喜欢。

教师：为什么？

江嘉辉：居里夫人工作条件的简陋让人意想不到。

教师：我们齐读这一句。

（学生读）

教师：再读。

（学生读）

教师：记者为什么对此情形难以忘怀？用书上的话回答我。

学生：此时，镭问世已经18年了，它当初的身价，每克曾高达75万金法郎。美国记者由此推断，仅凭拥有这项专利，眼前这位夫人早就富甲一方了。

教师：富甲一方和腰缠万贯是怎样远离居里夫人的？请读第2段。

学生：但是，居里夫妇18年前提炼出第一克镭时，就毫无保留地公布了镭的提纯方法。居里夫人的解释异常平淡："没有人应该因为镭致富，它是属于全人类的。"

教师：请将居里夫人的话再读一遍。

学生："没有人应该因镭致富，它是属于全人类的。"

教师：我读前面的引语，你们接着读。居里夫人的解释异常平淡——

学生："没有人应该因为镭致富，它是属于全人类的。"

教师：这就是爱因斯坦所说的，"她在任何时候都意识到自己是社会的公仆"。居里夫妇从事科学研究唯一的目的就是造福人类，丝毫没有想过从中为自己谋求利益。麦隆内夫人迷惑不解，迷惑不解的其实何止是麦隆内夫人，请读第3、4段。

学生：麦隆内夫人困惑不解地问："难道这个世界上就没有您最想要的东西吗？"

"有，一克镭，以便继续我的研究。可18年后的今天我买不起，它的价格太贵了。"

教师：再读第4段。

学生："有，一克镭，以便继续我的研究。可18年后的今天我买不起，它的价格太贵了。"

教师：请再读。

学生："有，一克镭，以便继续我的研究。可18年后的今天我买不起，它的价格太贵了。"

教师：谁能告诉我，你读这一句的感受是什么？

彭沁园：我的心里酸酸的。

教师：一个世纪过去了，隔着遥远的时空，读着白纸黑字的叙述我们仍能感到震撼或者酸楚。试想一下，坐在对面的麦隆内夫人，面对这样的人，听到这样的话，她是什么感受？毫无疑问，她有一种冲动，她要刻不容缓地去做一件什么事？

学生：帮助居里夫人获得一克镭。

教师：看第5段，商议一下，根据事情发展顺序，将这段划分为三个层次。

（曹健宇划分层次）

教师：请读第一层。

学生：这出乎意料的回答，使麦隆内夫人感到惊讶。镭的提纯技术已使世界各地的商人腰缠万贯，而镭的发现者却如此困顿！

教师：注意感叹号，再读。

学生：这出乎意料的回答，使麦隆内夫人感到惊讶。镭的提纯技术已使世界各地的商人腰缠万贯，而镭的发现者却如此困顿！

教师：麦隆内夫人先是怎样做的？谁读？

宗灵锐：她立即飞回美国……万万没想到都碰了壁。

教师：宗灵锐，你对于麦隆内夫人的碰壁意外吗？

宗灵锐：不意外。

教师：他们其实很可怜，他们穷得只剩下了钱。于是麦隆内夫人改变了做法，请读下面的文字。

学生：麦隆内夫人意识到，这不仅仅是一次金钱的需求，更是一场……1921年5月20日，美国总统将公众捐赠的一克镭赠予居里夫人。

教师：我诚实地告诉你们，最初读这个故事，就是这一段，一句句往下读的时候，我是悬着心的，我失望，我担心，最终我松了一口气，最终我无限欣慰！你们有这样的感觉吗？

姚文婷：我也是。

教师：假如麦隆内夫人的募捐失败，假如居里夫人最终因为自己的无私奉献而不能继续她造福人类的实验，你会怎么想？

姚文婷：很伤心。

教师：我要说的是，假如那样的事情发生，如果募捐失败，她的实验将无法进行，也就是说她造福人类的工作将无法继续——无法继续就无法继续吧。世界竟然可以冷落抛弃这样一个伟大的人，人类未免太过丑陋，人类不配拥有这样崇高的灵魂，我会认为她的奉献根本不值得！

仅仅一年之后，由公众捐赠的一克镭送到了居里夫人的实验室，这不是普通的一克镭，它的价值何止10万美元，我们最终可以因为这一克镭而对人类的良知抱有信心！募捐的过程必定也是宣传科学，弘扬居里夫人伟大精神的过程，那些为科学作出奉献的公众，必定沐浴在居里夫人伟大人格的阳光中，他们必定因为自己的劳动所得能和这个伟大人物的伟大创造联系起来而感到万分幸福！这种幸福，是那些穷得只剩下金钱的吝啬的富翁们无缘享受的。

请读第6段。

（学生读）

教师：这是第三克镭，服务祖国，服务人类——依然来自捐赠。我们在开头知道，其实居里夫人原本不必依靠募捐维持实验，她放弃专利，你们理解吗？

李子涵：不理解。如果她签字了，就可以用自己拥有的镭从事实验了。

谢超：理解，因为她认为"没有人应该因为镭致富，它是属于全人类的"。

宗灵锐：理解，她说过"没有人应该因为镭致富，它是属于全人类的"。

教师：哈，还是让我们读读她自己的解释吧。在哪里？

学生："他们所说的并非没有道理，但我仍相信我们夫妇是对的。人类需要勇于实践的人，他们能从工作中取得极大的收获，既不忘记大众的福利，又能保障自己的利益。但人类也需要梦想者，需要醉心于事业的大公无私。"

教师：这里讲了两种人，一种是创造财富也获得合理回报的人，一种是只醉心于科学事业，大公无私的人。如果可以选择，你做哪种人？

夏璇：第一种人。

孙添：第一种人。

教师：我们表决一下吧，请本着自己的诚心。愿意成为第一种人的举手。——全体！我能理解，这是理所当然的。那么，作为第一种人，我们怎么看待居里夫人这样的人？

熊伟：我还是觉得很难理解。

方思佩：我崇敬第二种人，我想学习她，可是我知道我做不到。

教师：我们必须实事求是地说：世界上的人，除了这两种人之外，还有不少利欲熏心者。国与国为了争利不惜发动战争，人与人为了争利不惜谋财害命，让我们触目惊心的假冒伪劣、坑蒙拐骗，就是明证。在这种背景下，居里夫人的无私和纯粹是清泉，涤荡着世界的污垢；是阳光，可以驱除人心中的黑暗。爱因斯坦说："居里夫人的品德力量和热忱，哪怕只要有一小部分存在于欧洲的知识分子中间，欧洲都将迎来一个比较光明的未来。"同样的道理，如果居里夫人的品德力量和热忱哪怕只有一小部分存在于人类之中，我们整个世界的现状将不知道要比现在好多少。有没有人觉得居里夫人过于委屈自己，想劝劝她的？

彭沁园：我就是。

教师：理解你的不理解！这种不理解，当时就包围了居里夫人。居里夫人在自传《我的信念》中这样说道："有一年春天，我因病被迫在家里休息数周，我注视着我的女儿们所养的蚕结着茧子。望着这些蚕勤奋地固执地工作着，我感觉我和它们非常相似。像它们一样，我总是耐心地集中在一个目标之上。我之所以如此，也许是有某种力量在鞭策，正如蚕被鞭策着去结茧一样。近50年来，我致力于科学的研究，我追求安静的工作和简单的家庭生活，我竭力保持宁静和简单，唯恐受到人事的侵扰和盛名的侵扰。当皮埃尔和我决定是否就我们的发现取得经济利益的时候，我们都认为这违反了我们的信念，因而我们没有申请专利，也就抛弃了一笔财富。直到今天，我仍然坚信我们是对的，人类需要寻求现实的人，他们能从工作中取得极大的收获，既不忘记大众的福利，又能保证自己的利益。但人类也需要梦想者，需要醉心于事业的大公无私。我一直沉醉于世界的优美之中，我认定科学本身具有伟大的美。在科学工作中，我像一个孩子，迷醉于童话故事一般。"同学们，居里夫人是如此纯粹而睿智,她一直清楚地知道自己想要什么样的生活,她一直过着自己喜欢的生活,一生都沉醉于巨大的幸福之中。

让我们怀着理解或不理解,再次朗读她的心声。

学生:"他们所说的并非没有道理,但我仍相信我们夫妇是对的。人类需要勇于实践的人,他们能从工作中取得极大的收获,既不忘记大众的福利,又能保障自己的利益。但人类也需要梦想者,需要醉心于事业的大公无私。"

教师:谢谢,下课!

课后反思:

2000年7月,我沉醉于《科学家随笔经典》,很多文章我是整篇整篇地抄写在了日记里。课堂上引用的两段更是我经常重温和烂熟于心的。爱因斯坦说:"居里夫人的品德力量和热忱,哪怕只要有一小部分存在于欧洲的知识分子中间,欧洲就都将迎来一个比较光明的未来。"我的感受是,居里夫人的品德力量和热忱,哪怕只要有万分之一存在于我的心灵,我的生活将非比寻常的充实、宁静和幸福。

由于居里夫人在我心中的地位太过崇高,所以在我看来,本课内容极其严肃,字面上的和情节意义上的"懂得"居里夫人是容易的。相比于肤浅的热闹的讨论,我更愿意借两位伟大科学家之口,理直气壮地宣讲,向学生灌输一种圣洁伟大的情怀。事实上,我们以为科学家的深奥的讲演,在我讲给学生听的时候,他们是能够理解的,当时的教室里气氛庄严凝重,这只能归结为一条:是伟人本身的诚实和素洁,打动了孩子们的心。

《卖火柴的小女孩》
—— 教学设计 ——

卖火柴的小女孩

安徒生

天冷极了，下着雪，又快黑了。这是一年的最后一夜——大年夜。在这又冷又黑的晚上，一个穷苦的小女孩，没戴帽子，赤着脚在街上走着。她从家里出来的时候还穿着一双拖鞋，但是有什么用呢？那是一双很大的拖鞋——那么大，一向是她妈妈穿的。她穿过马路的时候，两辆马车飞快地冲过来，吓得她把鞋都跑掉了。一只怎么也找不着，另一只叫一个男孩捡起来拿着跑了。他说，将来他有了孩子可以用它当摇篮。

小女孩只好赤着脚走，一双小脚冻得红一块青一块的。她的旧围裙里兜着许多火柴，手里还拿着一把。这一整天里，谁也没有买过她一根火柴，谁也没给过她一个硬币。

可怜的小女孩！她又冷又饿，哆哆嗦嗦地向前走。雪花落在她金黄的长头发上，那头发打成卷披在肩上，看上去很美丽，不过她没注意这些。每个窗子里都透出灯光来，街上飘着一股烤鹅的香味，因为这是大年夜——她可忘不了这个。

她在一座房子的墙角坐下来，蜷着腿缩成一团。她觉得更冷了。她不敢回家，因为她没卖掉一根火柴，没挣到一个钱，爸爸一定会打她的。再说，家里跟街上一样冷。他们头上只有个房顶，虽然最大的裂缝已经用草和破布堵住了，但风还是可以灌进来。

她的一双小手几乎冻僵了。啊，哪怕一根小小的火柴，对她也是有好处的！她敢从成把的火柴里抽出一根，在墙上擦燃了，来暖和暖和自己的小手吗？她终于抽出了一根。哧！火柴燃起来了，冒出火焰来了！她把小手拢在火焰上。多么温暖多么明亮的火焰啊，简直像一支小小的蜡烛。这是一道奇异的火光！小女孩觉得自己好像坐在一个大火炉前面，火炉装着闪亮的铜脚和铜把手，烧得旺旺的，暖烘烘的，多么舒服啊！唉，这是怎么回事呢？她刚把脚伸出去，想让脚也暖和一下，火柴灭了，火炉不见了。她坐在那儿，手里只有一根烧过了的火柴梗。

她又擦了一根。火柴燃起来了，发出亮光来了。亮光落在墙上，那儿忽然变得像薄纱那么透明，她可以一直看到屋里。桌上铺着雪白的台布，摆着精致的盘子和碗，肚子里填满了苹果和梅子的烤鹅正冒着香气。更妙的是这只鹅从盘子里跳下来，背上插着刀和叉，摇摇摆摆地在地板上走着，一直向这个穷苦的小女孩走来。这时候，火柴灭了，她面前只有一堵又厚又冷的墙。

她又擦着了一根火柴。这一回，她坐在美丽的圣诞树下。这棵圣诞树，比她去年圣诞节透过富商家的玻璃门看到的还要大，还要美。翠绿的树枝上点着几千支明晃晃的蜡烛，许多幅美丽的彩色画片，跟挂在商店橱窗里的一个样，在向她眨眼睛。小女孩向画片伸出双手。这时候，火柴又灭了。只见圣诞树上的烛光越升越高，最后成了在天空中闪烁的星星。有一颗星星落了下来，在天空中划出了一道细长的红光。"有一个什么人快要死了。"小女孩说。唯一疼她的奶奶活着的时候告诉过她：一颗星星落下来，就有一个人要离去了。

　　她在墙上又擦着了一根火柴。这一回，火柴把周围全照亮了。奶奶出现在亮光里，是那么温和，那么慈爱。"奶奶！"小女孩叫起来，"啊！请把我带走吧！我知道，火柴一灭，您就会不见的，像那暖和的火炉，喷香的烤鹅，美丽的圣诞树一样，就会不见的！"

　　她赶紧擦着了一大把火柴，要把奶奶留住。一大把火柴发出强烈的光，照得跟白天一样明亮。奶奶从来没有像现在这样高大，这样美丽。奶奶把小女孩抱起来，搂在怀里。她俩在光明和快乐中飞走了，越飞越高，飞到那没有寒冷，没有饥饿，也没有痛苦的地方去了。

　　第二天清晨，这个小女孩坐在墙角，两腮通红，嘴上带着微笑。她死了，在旧年的大年夜冻死了。新年的太阳升起来了，照在她小小的尸体上。小女孩坐在那儿，手里还捏着一把烧过了的火柴梗。

　　"她想给自己暖和一下……"人们说。谁也不知道她曾经看到过多么美丽的东西，她曾经多么幸福，跟着她奶奶一起向新年的幸福中走去。

一、了解安徒生及其童话，学生先说，教师补充

1. 安徒生父亲是穷苦鞋匠，早逝。母亲是穷苦的洗衣女子，一家人连温饱都难以维持，根本无力供安徒生上学。14岁后受助入学。丑小鸭，《皇帝的新装》里的小男孩，美人鱼，拇指姑娘……我们在安徒生的童话里，总能读到安徒生的影子，能读到安徒生的真善美，对弱者的爱。

2. 很多人以为童话是给孩子看的，可能对于大多数童话作品可以这么说，但安徒生的童话绝对不是。他的童话超越了国界，超越了时代，也超越了读者由于年龄可能存在的阅读心理差异。只要世界上还有贫穷和不公，只要人类的善良没有泯灭，只要世界上还有于艰难困苦中向往幸福、追求幸福的人，安徒生的童话就总能引起人心的共鸣。

二、阅读全文，说说梗概

1. 课文篇幅比较长，为学习方便，先标序号，再扣住"四划火柴"浏览课文，按"走在街上""火中所见""她死了"分为三个部分。

2. 发声读第一部分——"走在街上"，找出最令人感动的段落或者片段，朗读，谈感想。饥饿，寒冷，疲惫，孤独，瘦弱，胆战心惊，随处遭欺凌，像一只遭遗弃的小猫、小狗。（车夫、男孩、行人、父亲的冷漠）

三、浏览第5段，分3层，然后分层次朗读体会

1. 注意"敢""！""终于"（胆小、手抖）——后来我们知道，她离活活冻死已经不远了。

2. 注意"！"。

3. 注意"灭了""不见了""只有一根"。

四、学习第 6 段

现在，用同样的方法学习第 6 段。

注意"她又擦了一根"，为什么不写她的犹豫？诱惑，就快冻死，神志不清，忘记了害怕。这是和第 5 段的不同。

五、学习第 7 段

又一度希望，欣喜，失望。好像和第 6 段相同，但不同在哪里？

1. 圣诞树意味着精神需求，儿童对快乐的需要。（珂塞特的脏木鞋）

2. 星星的陨落，读出无限凄凉。（没有一个人伸手帮助，就这么离开）

六、学习第 8、9 段

1. 奶奶的出现，表示她在人世没有感受到温暖，也意味着奶奶从天堂来接她了。

2. 小女孩的叫，喊出她三次经历幻象破灭的打击，她已经有了新的恐惧，其实在此之前已经有了，但从前的恐惧她还能忍受，现在她不能忍受了——和失去火炉、烤鹅、圣诞树相比，最不能忍受的是——没有爱。人对于爱的需要，像植物需要阳光雨露。读出恐惧、急切，她对人世已经没有丝毫留恋，饥饿、寒冷、疲惫、孤独、瘦弱、胆战心惊、随处遭欺凌——这个世界，庞大的世界，给予她这小小的美丽的生命的，只有折磨，只有残害，世界对于她是强大而恐怖的。她要逃离这个人间地狱，随奶奶到达天堂。正是出于对现世的恐惧，出于对幸福的向往，她不顾一切地擦着了一大把火柴。

3. 第 9 段的文字透着幸福快乐，这一回没有说火柴熄灭了，幻影消失了，火柴当然是会熄灭的，但是这一回，小女孩在火光中被奶奶拥抱着飞走了。问学生，女孩真的看见奶奶并和她一起飞走了吗？（可能的说法：真的。安徒生的善良愿望。联系后面的"微笑"，至少她是在幸福中离去的）

七、学习第三部分"她死了"

1. 第 10 段，回到凄惨的现实。对于"新年的太阳"，你有什么感觉？

2. 第 11 段。尽管那么残酷，可是小女孩到死仍没有泯灭对幸福、美好生活的向往，在这个世界上得不到的幸福，她在临终的幻想中得到了，她是在真切的幸福的感觉中离去的，这对于善良的读者，多少也是一个安慰。（满怀深情地读）

八、拓展

今天我们的学习有什么意义？

《卖火柴的小女孩》

—— 教 学 实 录 ——

第 一 课 时

一、谈谈《安徒生童话》

教师：课文我们已经预习过了，我想问一下，有第一次读到《卖火柴的小女孩》的吗？哦，还真有两个呢。熊伟，读过《安徒生童话》吗？

熊伟：读过。在一本童话集里，好多人的童话在一起，没有这一篇。

教师：马骏呢？

马骏：我五年级才来这个班，我没怎么读过童话。

教师：我们先谈谈《安徒生童话》吧，除了《卖火柴的小女孩》，还读过哪些？

方思佩：老师，我搞不清楚《安徒生童话》和《格林童话》。我读过《莴苣》。

教师：《格林童话》。

方思佩：《灰姑娘》。

教师：《格林童话》。

方思佩：《狼外婆》。

学生（一齐）:《格林童话》。

方思佩：我想起来了，他们两个人的童话不同。《格林童话》里的好人都是长得漂亮，坏蛋都长得丑，都是王子公主什么的，最后都是幸福地生活在一起。安徒生各方面都写，批判性强。

教师：说得真好。很多人以为童话是写给儿童也就是小孩子看的，其实不是——最不是单单写给小孩子看的，就是《安徒生童话》。老师真正喜欢《安徒生童话》是在自己有了孩子之后。而且，随着年龄的增长，我越来越喜欢了。再说说你们读过的《安徒生童话》。

杨默然：《海的女儿》《小锡兵》。

朱戈：《小意达的花》。

谢超：《皇帝的新装》。

教师：那个光着屁股游街的皇帝！

谢超：还有《拇指姑娘》和《丑小鸭》。

教师：还有《拇指姑娘》和《丑小鸭》！就是这两篇，对于我而言，有说不尽的话题。有人说过，《安徒生童话》是需要以一颗安静的心，用一生的时间去体会的。希望大家能在课余多读、重读《安徒生童话》。好，我们回到课文。

二、说明故事梗概，商定教学思路

教师：谁来说说故事梗概？

张旭升：一个卖火柴的小女孩在街上走了一天，也没有卖掉一根火柴，最后……

教师：什么时候？

张旭升：大年夜。大年夜，一个卖火柴的小女孩在街上走了一天，也没有卖掉一根火柴，最后在街道的墙角冻死了。

教师：到墙角就冻死了，死之前没有发生什么吗？

张旭升：擦火柴，看见了很多美好的东西。

教师：大年夜。圣诞节前的那个夜晚，在西方，它的喜庆程度和重要程度，相当于我们的除夕之夜。告诉我，除夕夜和一般的日子有什么不同？

学生1：亲戚们都回来了，我们好多人在一起吃团圆饭。

学生2：我们回老家，和奶奶一起过年。

教师：是不是那一天的爱特别浓啊？还有，作为小孩子，你们在那一天有哪些特别高兴的事情？

学生3：穿新衣服。

学生4：吃好吃的。

学生5：收压岁钱。

学生6：犯错误了也不要紧。

教师：打碎了碗都没关系。大人会说"打发，打发，岁岁平安"是不是？可是，在那个大年夜，小女孩一个人在街上走了整整一天，一根火柴都没卖掉。她又冷又饿，却不敢回家。最后，活活冻死在街上。临走之前，她擦了几次火柴？

张旭升：三次。

教师：三次？

张旭升：啊，不，四次。

教师：四次？好，你坐下。同学们，我听见了，说三次、四次、五次的都有。看课文，找到擦火柴的地方，那是课文的主体部分，仔细看，到底几次？

学生：五次。

教师：谁再来说说故事梗概？

李子涵：大年夜，一个卖火柴的小女孩在街上走了一天，也没有卖掉一根火柴，因为太冷了，她在街道角落擦着火柴，在火光里，她看见了很多美好的东西，最后她冻死了。

教师：故事梗概已经理清。下面的学习有两条路可以走：一是按照文章叙述顺序，按部就班地讲；二是从擦火柴讲起。大家的意见是什么？

学生：先讲擦火柴。

三、学习文章主体部分：五擦火柴

1.（按照"抽出火柴""火中所见""火炉不见了"三个层次学习，第5段）

教师：好，我们先看第一根火柴。谁来读？

（一学生读）

教师：这一段里，有特别触动你的词句吗？没有？我提个话由吧，"她敢从成把的火柴里抽出一根，在墙上擦燃了，来暖和暖和自己的小手吗？"一个"敢"字说明什么？

学生：她害怕挨打。

教师：可她终于抽出来了，为什么？

学生：她太冷了。

教师："终于"说明困难，有几层难？

学生：手发抖，拿出来困难，还有害怕。

教师：鼓足勇气抽出火柴。我们读这层——开始！

（学生读第一层）

教师：下面是火光中所见，注意到了吗？什么标点符号特别多？

学生：感叹号。

教师：可怜的孩子。卖了一天火柴，冻了饿了一天的孩子，若不是冻到要死，她哪里敢擦一根火柴。在很多人家都在围着大火炉吃喝玩乐的时候，仅仅这一星微弱的火光，给她带来了什么？请读火中所见。

（学生读）

教师：小手是拢在了真实的火上，小手温暖了一点点。那冻得青一块红一块的赤着的小脚，更需要温暖啊。可是——请读！

（学生读）

教师：火柴灭了，火炉不见了。近在咫尺，仿佛可以烤着，却突然不见了。想一想，回到现实中，她的冷是不是更加不能忍受了？这种消失，给我们什么感觉？

学生：很残忍！

教师：请读这一层。

2. 教师：火光消失了，孩子落入更冷的状态中。于是她——

学生：又擦了一根。

教师：是的，"她又擦了一根"。这是第6段的第一句，对比擦燃第一根，告诉我，为什么写得这么简单？

姚文婷：第一根火柴使她看见了美好的东西，她被吸引了、诱惑了，就顾不得怕了。

严丹妮：她现在觉得更冷了。

教师：你说得真好。你读这一段吧。

（严丹妮读）

教师：这时候，火柴灭了，她面前只有一堵又高又冷的墙！因为冷看见了火炉，因为饿，看见了烤鹅，看见火炉却不能烤，看见烤鹅却不能吃，对于又冷又饿的人，没有比这更残酷的了。于是她再擦，这回她看见了——

学生：圣诞树。

3.教师：为什么看见了圣诞树？

学生：明天就过圣诞节了。

教师：哪位同学读？

（一学生读）

教师：圣诞树神奇吗？神奇到只在幻象中才能出现吗？

学生：不是。

教师：为什么？

学生：要过圣诞节了，很多人家都有。

教师：对啊，因为要过大年了——啊不，因为明天就是圣诞节了，天都黑了，用我们的话说，再过几个小时，就是新年了，大街小巷到处都是节日的气氛。这一整天，小姑娘走在大街上，看到最多的是什么啊？

学生：火炉、烤鹅、圣诞树。

教师：就这三样？

学生：还有很多好吃的、好玩的。

教师：在街上，从商店橱窗和人家窗外已经看了一天的好东西，为什么又在火柴的光亮里见到？它们有什么不同？

学生：这是属于她的。

教师：属于她吗？

学生：她太想得到的。

教师：她得到了吗？

学生：没有，都消失了。

教师：圣诞树的消失和前两样东西的消失有什么不同？

学生：蜡烛的光变成星星，有一颗星星落下来了。

教师：有一个人要死了，那是谁呀？

学生：她自己。

教师：你难过吗？

学生：难过。

教师：请读这一段。

（学生读第7段）

第 二 课 时

4. 教师：当第三根火柴熄灭，当圣诞树消失的时候，同学们，这个饥饿寒冷、没有快乐的孩子，已经经受了几次幻象破灭的打击？

学生：三次。

教师：不断地破灭，不断地擦着，她知道美好的东西必定随着火光的熄灭而消失吗？

学生：知道。

教师：可她仍然不断地擦，为什么？

学生：她心中对幸福和温暖还有希望。

教师：希望！那么可怜的希望，我听着很难过。可是这个世界早就抛弃了她。她曾经拥有过的爱，已经随着谁的去世而永远离开她了？

学生：奶奶。

教师：请读下面两段。

（学生读）

教师：她为什么叫起来了？

学生：她害怕奶奶再次消失。

教师：多么聪明的女孩。其实她早就知道她看到的是幻象了，她能忍受火炉的消失，能忍受烤鹅的消失，也能忍受圣诞树的消失，可是她独独不能忍受什么？

学生：奶奶的消失。

教师：为什么？

学生：奶奶是唯一爱她的人。

教师：她缺吃缺穿缺欢乐，她最缺乏的是什么？

学生：爱。

教师：没有爱的生活是恐怖的！何况那么冷、那么饿，所以她急切而恐惧地喊——请读！

（学生再次读第8段）

教师：只有寒冷，只有饥饿，只有痛苦，缺乏爱。这是小姑娘的真实生活吗？

学生：是的。

教师：好，我们看前面的内容，看看孩子走在大街上的情景。

四、学习第一部分"走在街上"

教师：请轻声读第1段，找出最让你难过的地方，读给我们听。

（以下为随读随议论。体会孩子的寒冷、饥饿、孤独，尤其是从车夫、男孩、行人、父亲那里，体会弱小可怜的孩子生活在恐惧中的感觉。学生一致认为：只有寒冷，只有饥饿，只有痛苦，只有恐惧的地方，我们该叫它人间地狱。中间，教师从"大木鞋"说到安徒生的童年，体会作者和穷人血肉相连的感情）

教师：孩子走在街上，走在人间地狱，也在无可挽回地走向死亡。最后她死了，她是冻饿而死的，也是被这个冷酷的世界杀死的。

五、学习末两段

教师：请一位同学朗读最后两段。

（学生读）

教师：有什么要问的吗？

姚文婷：她的两腮为什么通红？我觉得人冻死了是脸发青的。

教师：你读过确切记录冻死之人的样子的文字吗？

姚文婷：没有。

教师：按照课文内容，你怎么理解两腮通红和嘴上带着微笑？

姚文婷：她是在幸福中死去的。

教师：谢谢。让我们共同祝愿：受苦的人们，不要只在幻想中才能得到幸福。我还要说的是，只要这个世界上还有穷人，只要这个世界上还有善良的心灵，不管再过多少年，安徒生的童话，都一样能打动读者的心。

《穷人》
—— 教学实录 ——

穷　人
列夫·托尔斯泰

　　渔夫的妻子桑娜坐在火炉旁补一张破帆。屋外寒风呼啸，汹涌澎湃的海浪拍击着海岸，溅起一阵阵浪花。海上正起着风暴，外面又黑又冷，这间渔家的小屋里却温暖而舒适。地扫得干干净净，炉子里的火还没有熄，食具在搁板上闪闪发亮。挂着白色帐子的床上，五个孩子正在海风呼啸声中安静地睡着。丈夫清早驾着小船出海，这时候还没有回来。桑娜听着波涛的轰鸣和狂风的怒吼，感到心惊肉跳。

　　古老的钟发哑地敲了十下，十一下……始终不见丈夫回来。桑娜沉思：丈夫不顾惜身体，冒着寒冷和风暴出去打鱼，她自己也从早到晚地干活，还只能勉强填饱肚子。孩子们没有鞋穿，不论冬夏都光着脚跑来跑去；吃的是黑面包，菜只有鱼。不过，孩子们都还健康，没什么可抱怨的。桑娜倾听着风暴的声音。"他现在在哪儿？老天啊，保佑他，救救他，开开恩吧！"她自言自语着。

睡觉还早。桑娜站起身来，把一块很厚的围巾包在头上，提着马灯走出门去。她想看看灯塔上的灯是不是亮着，丈夫的小船能不能望见。海面上什么也看不见。风掀起她的围巾，卷着被刮断的什么东西敲打着邻居小屋的门。桑娜想起了傍晚就想去探望的那个生病的女邻居。"没有一个人照顾她啊！"桑娜一边想一边敲了敲门。她侧着耳朵听，没有人答应。

"寡妇的日子真困难啊！"桑娜站在门口想，"孩子虽然不算多——只有两个，可是全靠她一个人张罗，如今又加上病。唉，寡妇的日子真难过啊！进去看看吧！"

桑娜一次又一次地敲门，仍旧没有人答应。

"喂，西蒙！"桑娜喊了一声，心想，莫不是出什么事了？她猛地推开门。

屋子里没有生炉子，又潮湿又阴冷。桑娜举起马灯，想看看病人在什么地方。首先投入眼帘的是对着门的一张床，床上仰面躺着她的女邻居。她一动不动。桑娜把马灯举得更近一些，不错，是西蒙。她头往后仰着，冰冷发青的脸上显出死的宁静，一只苍白僵硬的手像要抓住什么似的，从稻草铺上垂下来。就在这死去的母亲旁边，睡着两个很小的孩子，都是卷头发，圆脸蛋，身上盖着旧衣服，蜷缩着身子，两个浅黄头发的小脑袋紧紧地靠在一起。显然，母亲在临死的时候，拿自己的衣服盖在他们的身上，还用旧头巾包住他们的小脚。孩子呼吸均匀而平静，睡得正香甜。

桑娜用头巾裹住睡着的孩子，把他们抱回家里。她的心跳得很厉害，自己也不知道为什么要这样做，但是觉得非这样做不可。她把这两个熟睡的孩子放在床上，让他们同自己的孩子睡在一起，又连忙把帐子拉好。

桑娜脸色苍白，神情激动。她忐忑不安地想："他会说什么呢？这是闹着玩的吗？自己的五个孩子已经够他受的了……是他来啦？……不，还没来！……为什么把他们抱过来啊？……他会揍我的！那也活该，我自作自受……嗯，揍我一顿也好！"

门吱嘎一声，仿佛有人进来了。桑娜一惊，从椅子上站起来。

"不，没有人！天啊，我为什么要这样做？……如今叫我怎么对他说呢？……"桑娜沉思着，久久地坐在床前。

门突然开了，一股清新的海风冲进屋子。魁梧黧黑的渔夫拖着湿淋淋的被撕破了的渔网，一边走进来，一边说："嘿，我回来啦，桑娜！"

"哦，是你！"桑娜站起来，不敢抬起眼睛看他。

"瞧，这样的夜晚！真可怕！"

"是啊，是啊，天气坏透了！哦，鱼打得怎么样？"

"糟糕，真糟糕！什么也没有打到，还把网给撕破了。倒霉，倒霉！天气可真厉害！我简直记不起几时有过这样的夜晚了，还谈得上什么打鱼！还好，总算活着回来啦。……我不在，你在家里做些什么呢？"

渔夫说着，把网拖进屋里，坐在炉子旁边。

"我？"桑娜脸色发白，说，"我嘛……缝缝补补……风吼得这么凶，真叫人害怕。我可替你担心呢！"

"是啊，是啊，"丈夫喃喃地说，"这天气真是活见鬼！可是有什么办法呢！"

两个人沉默了一阵。

"你知道吗？"桑娜说，"咱们的邻居西蒙死了。"

"哦？什么时候？"

"我也不知道，大概是昨天。唉！她死得好惨啊！两个孩子都在她身边，睡着了。他们那么小……一个还不会说话，另一个刚会爬……"桑娜沉默了。

渔夫皱起眉，他的脸变得严肃、忧虑。"嗯，是个问题！"他搔搔后脑勺说，"嗯，你看怎么办？得把他们抱来，同死人待在一起怎么行！哦，我们，我们总能熬过去的！快去！别等他们醒来。"

但桑娜坐着一动不动。

"你怎么啦？不愿意吗？你怎么啦，桑娜？"

"你瞧，他们在这里啦。"桑娜拉开了帐子。

一、边齐读边预习，以松动气氛

二、从结尾开讲——善良的穷夫妇

教师：作者讲了什么故事？

张旭升：桑娜收养邻居西蒙的两个孩子。

教师：仅仅是桑娜吗？

张旭升：不，还有渔夫，他也同意。

教师：同意？仅仅是同意吗？读出有关段落。

严丹妮（读）："你知道吗？"桑娜说，"咱们的邻居西蒙死了。"……

（齐读，教师指导学生在朗读中体会渔夫的善良急切、桑娜的激动和彼此欣喜于对方善良的美好感觉。多么美好的夫妻啊）

三、体会渔夫一家的穷困和危机

教师：我们说渔夫一家是穷人，证据呢？

李子涵（读）：古老的钟发哑地敲了十下、十一下……菜只有鱼。

教师：注意，仅能吃饱的日子，是以什么换来的？

李子涵：丈夫不顾惜身体，自己从早到晚地忙。

教师：不顾惜身体，仅仅是寒冷，仅仅是劳累吗？

李子涵：还很危险。

教师：在这黑暗的寒冷的暴风之夜，桑娜及孩子们所享受的温暖和舒适，其实是丈夫冒着生命危险换来的。也许今夜，也许明天，他就会一去不复返，葬身大海。所以，倾听着风暴的声音，桑娜乞求——请读。

学生（齐读）："他现在在哪儿？老天啊，保佑他，救救他，开开恩吧！"

教师：焦灼，揪心，无能为力，只能乞求。再读。

（学生再读）

教师：桑娜为什么心惊肉跳？

学生（读）：丈夫清早驾着小船出海……感到心惊肉跳。

教师：夫妻俩拼命地干，仅能吃饱的日子，孩子一年到头没有鞋穿，这样的生活，也是朝不保夕的。一旦丈夫离开，她将比西蒙活着的时候还要艰难，为什么？

学生：他们有五个孩子。

教师：实在放心不下，出海未归的，是丈夫，也是一家生活的依靠。于是桑娜去海边看丈夫回来没有——看是没有用的。但不看干焦急更痛苦，就在这样的时候，她也没有忘记可怜的邻居西蒙，于是她去探望，她看见了什么？

四、朗读体会西蒙的母爱和悲惨

方思佩（读）：屋子里没有生炉子……孩子呼吸均匀而平静，睡得正香甜。

教师：哪些句子让你最动心？

方思佩（读）：显然，母亲在临死的时候，拿自己的衣服盖在他们的身上，还用旧头巾包住他们的小脚。

教师：说说理由。

方思佩：母爱的伟大。

教师：好，我们从这里读到本段结束。

（学生齐读）

教师：这一段里，还有感人的地方吗？好，我来谈。请听："一只苍白僵硬的手像要抓住什么似的，从稻草铺上垂下来。"真所谓死不瞑目，可是，无情的死神就这样带走了母亲，留下一对不懂事的小孩子。作为母亲，我不敢想象西蒙走时的心境，我觉得，孩子香甜的睡态和母亲不得不撒手人寰的样子放在一起，这是人间能有的最悲惨的景象。从"她头往后仰着，冰冷发青的脸上显出死的宁静"到本段结束——请读！

（学生读）

五、体会桑娜抱回孩子之后的心理活动

教师：都是穷人。让我们感到难过的惨状，必定深刻刺激了桑娜，于是她怎么做了？请读。

学生（读）：桑娜用头巾裹住睡着的孩子……又连忙把帐子拉好。

教师：从今以后，他们就有几个孩子了？

学生：七个。

教师：要想让七个孩子都吃饱，他们夫妻会怎样？

学生：更苦更累了。

教师：自己更累，是自己的选择。可是她怎么能让丈夫因为自己的行为而更苦更累呢？而且，他们的日子也是没有保障的。出于善良的本能，桑娜不假思索地抱回了孩子，抱回孩子之后，她才开始了害怕。她是怎么想的？请读。

学生（读）："他会说什么呢？……揍我一顿也好！"

教师：丈夫是她和孩子的依靠，她认为自己拖累了丈夫该打；她爱孩子，多了两个小家伙无疑会使自己的孩子常常吃不饱，为此，她也觉得自己该打。她紧张，她害怕，要躲避挨打是多么简单呐，她只要怎么做就行了？

学生：送回孩子。

教师：送回孩子？那是多么可怕的念头。她想都没有想过，为了西蒙的孩子她做好了挨打的准备，也做好了长期更加吃苦的准备。害怕，但决心不动摇，有一种柔韧的坚定。请再读。

（学生读）

下面的对话两遍完成。

教师引，学生读，教师必要时作指导。

男女学生分角色读。

教师：沉默！丈夫惊魂稍定，在这种时候，开口说收养孩子的事，好难！然而，孩子就睡在床上，瞒不住，她也不想瞒的。于是有了我们开始读到的感人一幕。

六、发散，回到第1段，寄托美好祝愿

（学生再次齐读末尾对话）

教师：这是断断续续的对话，这也是艰难的对话。艰难之后，

这对穷苦的夫妻，看见了彼此的美好。他们用他们的善良，为两个不懂事的孤儿，营造了人间天堂。

现在，面对这样的一家九口。你们想说什么？对两个孤儿，对五个孩子，对他们全家，对夫妻俩，对夫妻中一个都行。

学生各抒己见：

学生1：我想对那两个孤儿说，你们是不幸的，也是幸运的，你们遇上了那么好的夫妻俩。

学生2：我也想对那两个孩子说，你们要懂事，长大了要好好报答这一对善良的夫妻。他们虽然不是你们的亲人，但比亲人还好。

学生3：我想对渔夫说，你大难不死，是上帝对你善良的回报。你回来是有任务的，你一定能平安养活一家人。

学生4：我想对那五个孩子说：以后你们可能吃得少，穿得更少，但你们一定要挺过去，将来的日子会好起来的。

学生5：我希望渔夫打鱼天天平安，天天满载而归。

学生6：我祝愿桑娜健康长寿。

学生7：我觉得和这一对夫妻相比，那些富裕然而自私的人，该感到惭愧。

教师：同学们说得真好。我也一样，希望这一家人相依为命，平安度过穷苦但温馨的日子。希望文章开头的温暖和舒适，一直属于这一家。看第1段，请读出描写桑娜家的小屋温暖舒适的句子。

学生（读）：海上正起着风暴……五个孩子正在海风呼啸声中安静地睡着。

教师：到文章结束，是几个孩子了？

学生：七个。

教师：将五个改为七个，再读。

学生（读）：海上正起着风暴……七个孩子正在海风呼啸声中安静地睡着。

教师：七个孩子正在海风呼啸声中安静地睡着。围绕他们的，是一对穷夫妻善良慈祥的目光和我们真诚的祝愿。再读！

（学生读）

教师：谢谢。我们的学习结束了。

《鲁滨逊漂流记》
—— 教 学 实 录 ——

鲁滨逊漂流记（节选）
笛福

梗概

  从前，有一个叫鲁滨逊的英国人，他喜欢航海和冒险，到过世界上很多地方，碰到过许多危险，但他一点儿也不畏惧，希望走遍天涯海角。

  有一次，鲁滨逊乘船前往非洲，途中遇上大风，船严重受损。同伴们在乘小艇逃生时都死在海里，只有他一个人被大浪冲到海岛边。这是一个无名的、没有人居住的荒岛，到处是乱石野草。他又累又饿，心里想：流落到这种地方，怎样活下去呢？

  等到潮水退了，鲁滨逊看到那大船竟然还浮在海面上，离岸并不远。他游到船边，用船上的桅杆、木板制成了木筏，运送从船上带来的物品。在船舱里，鲁滨逊找到很多可以用、可以吃的东西，陆续搬到岸上。没有淹死的一条狗、两只猫陪着他，这使他在凄凉中感到一丝安慰。

鲁滨逊走遍荒岛，在山坡上选择了一块有水源、可以防御野兽的地方，用木头和船帆搭起一座简陋的帐篷。那儿可以看到海面，他希望瞧见过往的船只，以便请求救援。

鲁滨逊在岛上定居下来，过着寂寞的生活。船上搬下来的食物越来越少，要想活下去，就得想办法。

他每天要么拿着枪，带着狗到森林里去打猎，要么到海边去捕鱼，还把捕到的活山羊畜养起来。后来他竟有了成群的山羊，可以常喝羊奶，吃羊肉。鲁滨逊从船上搬来的东西里还有一些麦子，由于被老鼠啃过了，他就随意把它们丢撒在地上，没想到不久竟长出了嫩芽，后来又结出了穗子。他用这点儿麦种反复种收，到了第四年，终于吃到了自己种的粮食。

很多年过去了。有一天，鲁滨逊忽然发现海边沙滩上出现了人的脚印。他惊恐万分，猜想这一定是附近的野人留下来的。他担心这些野人会来吃掉他，于是在住所前的空地上密密麻麻地插上树枝作防御，又把羊分在几个地方圈养。他在这种不安的心情下又生活了两年。后来，鲁滨逊再一次看到野人留下的生火的痕迹和满地的人骨，他不由得联想到他们野蛮的宴会。鲁滨逊在恐惧之中开始考虑怎样对付这些可能出现的野人。

又过了几年，有一天，鲁滨逊看到三十多个野人乘着小木船上了岸。他们拖出两个倒霉的同伴，杀了其中一个人。另一个则挣扎着逃跑，他逃的方向正是鲁滨逊住所的方向。鲁滨逊决心救下这个逃跑的野人，于是开枪打死了追赶他的两个野人。他给救下的野人取名"星期五"。"星期五"很快成了他的好帮手，他们愉快地生活在岛上，扩大了粮食种植面积，又增加了几个羊圈，晒了很多葡萄干。鲁滨逊差不多淡忘了要回到英国、回到文明社会的想法。

有一天清晨，鲁滨逊被"星期五"喊醒，原来，有一艘英国船只正在附近停泊着。他发现这艘船上发生了叛乱，水手们绑架了船长。鲁滨逊和"星期五"救出了船长，船长愉快地答应带他们回英国去。

在荒岛上度过了二十八年后，鲁滨逊终于回到了英国。

节选

我现在处在一个令人忧伤的、没有言语交流的生活场景中，也许这种生活在世界上是前所未有的。但我必须接受这种生活，并且一天一天过下去。根据我的估算，我是在9月30日登上了这个荒无人烟的岛。当时正是秋分前后，太阳正好在我的头顶上，所以我估计自己是在北纬9度22分的地方。

在岛上待了十一二天以后，我忽然想到，由于没有本子、笔和墨水，我将没法估算日子，甚至分不清休息日和工作日。为了避免这种情况，我用刀子在一根大木杆上刻了一些字，并把它做成一个大十字架，竖在我第一次登岸的地方，上面刻着："1659年9月30日，我在这里登岸。"在这根方木杆的侧面，我每天用刀子刻一道痕，每第七道刻痕比其他的长一倍，每月第一天的刻痕再长一倍，这样，我就有了日历。

我几次到船上去，取出了许多东西。有几件虽然不值什么钱，对我来说却很有用，比如笔、墨水，还有纸，在船长、大副、炮手和木匠保管的物品中找到的几个包裹、三四个罗盘、几台数学仪器，还有日晷、望远镜、地图和航海类的书籍。我把它们一股脑堆在一起，以备不时之需。

还要提到的是，我们的船上有一条狗和两只猫。那两只猫是我带上岸的；至于那条狗，是在我带着第一批货上岸的第二天，它自己从船上跳出来，游上岸到我这儿来的，在以后的许多年里是我可信任的仆役。我不稀罕它给我弄来什么东西，也不稀罕它同我做伴，我只需要它同我聊聊天，但是它却办不到。找到了笔、墨水和纸之后，我尽最大的可能节省使用。只要我还有墨水，就能把事情记得非常准确。但是墨水用完以后，我就办不到了，因为我想尽办法还是制造不出墨水来。

尽管我收罗了这么多东西，还是缺少许多，比如墨水，还有用来挖土或者运土的铲子、鹤嘴锄、铁锨，以及针线。至于内衣之类，虽然缺乏，但我很快就习惯了。

没有工具，干什么都困难重重。我几乎花了一年工夫才完全布置好我那个用栅栏围起来的小小的住所。那些尖桩或者圆桩沉得很，我要使出全力才举得起来。我花了好长的时间才砍下那些木材，并且在林子里加工好，再花上更长的时间把它们运回家。也就是说，我需要花两天时间砍成一根木桩并运回来，在第三天才把它打进地里。我最初用一根很沉的木棒打桩，后来想到了用铁撬棒打。尽管如此，打起桩来还是很费劲，而且非常麻烦。

但是，我既然不得不干这活儿，又有的是时间，有什么必要介意呢？这活儿要是干完了的话，除了在岛上转悠，寻找吃的以外，那我也没有其他的事可干了。

我现在开始认真考虑我的处境。我一一记下我经历的事情，并不是想把自身的遭遇传给后人看，而是要把一直萦系在我心头、不断折磨着我的想法吐露出来。我的理智现在已经逐渐能够控制我的沮丧心情，我开始尽可能地安慰自己，把我遇到的凶险和幸运作个对比，使自己能够心平气和。我按照商业簿记中借方和贷方的格式，如实记录了我所遇到的幸与不幸：

坏处	好处
我被抛弃在一座可怕的荒岛上，没有重见天日的希望。	但是我还活着，没有像我的伙伴们一样被淹死。
我被单独剔出来，与世隔绝，受尽苦难。	但是，我也免于死亡，而船上其他人员都已丧命。
我被从人类中分离出来，成为一个孤独的人。	但是，我在这片荒芜的土地上既没有挨饿，也没有奄奄待毙。
我没有衣服穿。	但是，我身处热带，即使有衣服也不用穿。
我没有任何防御力量或者手段来抵抗人或野兽的侵袭。	但是，在这里我看不见会伤害我的野兽，在非洲海岸上，我却看见过。要是我的船在那儿倾覆，该怎么办呢？
没有人可以同我说话，或者宽慰我。	但是，船漂到了离岸很近的地方，我取出了很多必需品，有些甚至够我用一辈子。

总的说来，这是世界上少有的叫人受尽折磨的处境，但是其中也有一些值得宽慰的东西。这场世界上苦难最深重的经历告诉世人：在困境中，我们可以把好处和坏处对照起来看，并且从中找到一些东西来宽慰自己。

现在，我对自己的处境稍稍有了一点儿焉知非福的想法，我不再远眺大海，一心想看到船的踪影了。我着手调整我的生活方式，尽我可能把一切安排得舒舒服服。

第 一 课 时

一、教师出示《鲁滨逊漂流记》的故事梗概

这是英国作家笛福著名小说《鲁滨逊漂流记》的故事梗概。有课余读过《鲁滨逊漂流记》的吗？把其中的故事和我们分享分享。

王文建：我知道他原来是干黑奴贩卖的。回到英国之后，他又回到了荒岛。

孙添：他爸爸想让他当律师，他一心想当水手，他对航海和冒险特别感兴趣。

二、学生提问

这是一个关于冒险的故事，和我们的生活距离很远，也很新鲜。大家有什么疑问吗？

1.彭沁园：他是怎么教"星期五"说话的？

教师：谁来告诉他？

谢超：指着什么就发什么音，时间长了，就知道那样东西叫什么了。

教师：哦，我明白了。你的意思是说，就像大人——

谢超：就像大人教小孩说话。

教师：你们怎么看"野人"，他们真的是半人半兽吗？

学生（七嘴八舌）：不是，落后，原始，没有文字，生活习惯野蛮。

教师：他们真的不会说话吗？

学生：他们有自己的语言。

教师：所以"星期五也渐渐学会了说话"这句话，正确的说法应当是？

学生："星期五也渐渐学会了说英国话。"

2.陈屹超：他为什么要在住所前的空地上插杨柳桩，又将羊群分在几个地方圈养？（学生答略）

3.张美君：那些麦子是怎么到船上来的？

教师：第一年收获了十几个穗子，可见种下的麦子只有一点，也许一把都没有，你们说这麦子是怎么来的，作为粮食带上船的吗？

学生：不是，可能是谁无意装在身上的。

教师：在岛上，这比黄金还珍贵啊！

张美君：那他为什么要种在围墙里？

学生：嗨，怕野兽糟蹋了呗。

张美君：还怕被小鸟给吃了！

教师：哈哈哈哈。

三、总体把握故事

教师：至少28年，28年一人独居荒岛，他克服了哪些困难？

1.江嘉辉：寒冷、饥饿、危险。

教师：很好，你说得很对。对应着鲁滨逊的解决方法，谁再说说？

2.方思佩：没有吃的，先吃从船上搬下来的东西，然后打猎捕鱼，最后养羊，种庄稼。没有住的，就搭起简陋的帐篷。遇到野人攻击的危险，就在住所前的空地上插杨柳桩，又将羊群分在几个地方圈养，把自己和羊保护起来。还有，他很孤独，就救下"星期五"和自己做伴。

四、学生选择自己最感兴趣的段落朗读，并讨论

1. 宗灵锐：我读第8段。

教师：哦，忘记了。我们给段落标上序号。

宗灵瑞（读完）：鲁滨逊很孤独，一个人孤独生活28年是很可怕的，为了找到伙伴，他冒着生命危险救下了"星期五"。

教师：注意这些词"取名""好帮手""愉快""扩大""增加"，还有"葡萄干"！这透露出鲁滨逊什么样的情绪？

学生：欢快。

教师：为什么？只是因为粮食增产、羊数增加了吗？

学生：有朋友了。

教师：多么欢快的忙碌啊！比起从前的孤独生活，这时候几乎是在天堂，鲁滨逊幸福到了什么程度？

学生：差不多淡忘了要回到英国，回到文明社会了。

教师：为什么说是"差不多"？

学生：他还是想回去的。

教师：从这里开始读"他给救下的野人取名……"——开始！

教师：再读"他们愉快地生活在岛上"——开始！

2. 夏璇：我读第7段。（读）我觉得他面对危险，很冷静，很聪明，把自己和羊儿都保护得很好。

教师：你读到了"惊恐万分""不安""野蛮的宴会""恐惧"，这是鲁滨逊当时的心情。你对他的恐惧不安有感觉吗？

夏璇：有。

教师：是哪些可怕的场面？

夏璇：鲁滨逊再一次看到野人留下的生火的痕迹和满地的人骨，这使他联想到他们野蛮的宴会。

教师：毛骨悚然啊！我们读"他在这种不安的心情下又生活了

两年",开始!

(学生读)

第 二 课 时

教师:我们接着上午的谈。谁来读?

3.江嘉辉:我读第4段。(读)我觉得他很聪明,选择的住址有水源、有树荫,可以防野兽,还可以看见大海,便于请求援助。

教师:选择地点见出他考虑问题的周全。他会搭帐篷,你佩服吗?

江嘉辉:佩服,他的动手能力很强。

教师:头脑发达,四肢灵巧!我们读!

(学生读)

4.宗灵锐:我读第6段。(读)我觉得他很会想点子,先是打猎,捕鱼,然后养羊、种麦子,说明他对生活充满信心。

教师:养羊,种麦子,按内容不同分两层。看第一层,一个"竟"字流露出什么情绪?

学生:惊讶,赞叹。

教师:非一日之功,羊成群,喝羊奶,尽情地喝;吃羊肉,尽情地吃。这是生活对于他的勤劳、智慧、信心、耐心的报偿啊。请读第一层。

(学生读)

教师:谈一点个人看法。相比养羊,我对他种麦子更感兴趣。在他看来,那些麦苗,简直是世界上最美丽的风景,我觉得他看麦苗的眼神,一定像母亲一样慈祥!那是他对未来的希望,第一年结出十几个穗子,你觉得他舍得吃吗?

学生：不舍得。

教师：第二年结出几百个穗子，他舍得吃吗？

学生（笑）：不舍得。

教师：为什么？

学生：种子太少了。

教师：那也是他对未来希望的种子。直到第四年，留足了种子，他才吃到了面食！我不知道他吃的是饼还是面疙瘩或是面包，可是我能想象他当时的喜悦！他多么自豪，他是牧民，也是农民！请读第二层。

（学生读）

5.方思佩：我读第3段。（读）我觉得他面对危险头脑冷静，没有被沮丧击倒，还想到去船上找可以用的东西。狗和猫对于他也很重要。

教师：这次上船拿到的东西，是维持他最初生活的东西，很重要。但是，狗也好，猫也好，食物也好，用品也好，对于鲁滨逊而言，最重要的是他拥有了什么？

学生（七嘴八舌）：勇敢、求生欲、智慧、信心、耐心、动手能力、枪法好、会养羊、会种麦子……

五、讨论

1.教师：鲁滨逊的勇敢、智慧、信心、耐心，是支持他在荒岛生活28年的最大财富。告诉我，他是如何拥有这笔财富的？

谢超：第1段告诉我们，他去过很多地方，遇到过危险，但他一点都不怕。

2.教师：哦，在此之前，他受过锻炼。锻炼很重要。

那么告诉我，现在，万一你们也不幸落到了同样的境地，一个

人流落荒岛，你们觉得自己能活下来吗？（学生议论纷纷）

教师：觉得自己能活下来的举手。（只有两人，其他人都低头不语）哈哈哈哈，诚实的悲观主义者！李子涵，告诉我你活下来的理由。

李子涵：我会想起鲁滨逊的做法，跟他学，想办法克服困难。

教师：夏璇你呢？

夏璇：别看我平时弱弱的，我相信到了生死关头，强烈的求生欲望可以激发我的聪明才智。而且，我可以从鲁滨逊的身上受到启发和鼓励。

教师：可见读书的重要啊！谁来谈谈觉得自己不能活下来的理由。

陈屹超：其实鲁滨逊还是比较幸运的。沉船离岛近，他可以从上面取得很重要的东西，而且我不会打枪。

教师：那你不会逮老鼠，摘果子吗？

方思佩：老师，最可怕的是孤独。老师你说的方法，也只能维持一段时间，日子久了，我还是会闷死的。

教师：是啊，孤独和精神空虚是可怕的，甚至可以让人在衣食无忧的情况下崩溃。

鲁滨逊之所以能活下来，是因为他总有事情可做，而且，他也有精神生活。你们知道吗？人如果长期离开社会，就会智力严重退化，最后连话都不会说了，即便有吃有喝活下来，也和动物差不多，真的成了野人了。当年被抓到日本去的劳工，不堪虐待逃入深山老林，多年之后被人发现营救出来，早就不会说话了。可是我们发现，鲁滨逊是越活越精神。在没有人对话的时候，你们认为，要保持语言和思维能力，最好的方法是什么？

学生：读书，还有写作。

181

教师：对，发声地读，和书中的人物对话。谁来告诉我，鲁滨逊是否这样做过？

孙添：就是，就是！他带了一本《圣经》上岛，他每天都读《圣经》，他还找到了纸笔，用来写日记。

教师：我没有读过小说《鲁滨逊漂流记》，可是凭我对人性的了解，我居然猜中了这一重要情节。太好了，还有，我感觉，他给"星期五"起名字，也不是随便起的。

孙添：他过一天就在木头上刻一道痕，他用这种方法计算日子。那天真的是星期五。

教师：太谢谢孙添了。据说所有动物中，人是唯一具有时间观念的，越是智慧发达的人，他的时间观念越强。所以，当我们说一个人越来越弱，不求上进的时候，我们就说他浑浑噩噩，混吃等死，醉生梦死，因为他对时间没有感觉了。鲁滨逊用刻木的方法保持自己的时间观念，也保持着自己的心智，所以，28年过去，他不但没有退化为智障者，反而更聪明了。陈屹超，你想说什么？

陈屹超：我想解释一下，他为什么有那么多子弹。他一共上船取了12次弹药，有一次天上打雷，差一点儿爆炸了！

教师：哈哈哈。多么有趣，我也要看这本书了。从前我对冒险故事是不感兴趣的，你们谁有这本书？（6人举手）好，夏璇你明天带给我看吧。哎，刚才你为什么不给我们讲讲故事？

夏璇：好多年前看的，忘记了。

教师：哈哈哈，好多年前啊！

3.告诉我，学习这样的冒险故事，对于我们有什么意义？

王文建：如果我不幸流落到荒岛，我可以从鲁滨逊那里学到求生的方法。

方思佩：刚才我说我只能在岛上活一段日子，现在我更正一下，读了鲁滨逊的故事，我会得到鼓励，我会长期坚持的。

教师：真好！这就是读书的好处，这就是善于汲取精神养料的好处。可是，天呐，难道我们真的都流落荒岛了？

张旭升：假如我旅游的时候，飞机失事，我掉到大森林了，我会想起鲁滨逊的故事，用他的方法克服困难。

教师：看来我们学习课文的作用太小。因为我们遇险的机会很少，而且，我希望这样的事情我们永远不会遇见。就这么点作用？

夏璇：其实不论是在学习还是生活上，我们做什么事情都需要鲁滨逊的勇敢、智慧、耐心和毅力。就像他种麦子，我们做很多事情都不能心急，要持之以恒。

教师：说得真好，也不用我总结了。请再说一遍。

夏璇：其实不论是在学习还是生活上，我们做什么事情都需要鲁滨逊的勇敢、智慧、耐心和毅力。就像他种麦子，我们做很多事情，不能心急，要持之以恒。

教师：这样吧，我们一起选择一个都喜欢的段落，读它作为结束。读哪段？

学生：第8段。

教师：好。"有一天清晨"——开始！

学生："鲁滨逊差不多淡忘了要回到英国、回到文明社会的想法。"

教师：对不起啊，我弄错了。我以为你们会选择回到英国的那一段胜利大结局呢？告诉我，你们为什么不约而同读这段？

学生：他救下了"星期五"，他结束了孤独的生活。这一段最快乐。

教师：同意！下课！

《奴隶英雄》
—— 教 学 实 录 ——

奴隶英雄

时间： 公元前73年春天的一个下午。

地点： 罗马城里，科里色姆斗兽场上。

人物： 斯巴达克——奴隶英雄

司令官

贵妇人

武官

奴隶十人

观众——罗马贵族男女多人

音乐队若干人

狮子一头

布景： 斗兽场四面有很高的铁栅栏，铁门锁着。场内空空的。铁栅栏外是一排比一排高的座位。座位上坐满了罗马贵族男女。开幕的时候，他们正在谈话。

女　今天有什么玩意儿？

男　喝！大力士的表演，新捉来的大力士。

女　一个人表演，有什么好看！

男　不，他先跟狮子斗，还要跟十个奴隶斗。

女　他斗得过狮子吗？

男　斗得过，听说他能够空手打死牛，空手打死老虎。他是靠打狮子老虎生活的。

女　那么，他怎么会被捉住呢？

男　我们一百多人围着打他。从早到晚，把他打乏了，才用绳子把他绊倒捉了来。我们的人被他打死了四十九个呢！

女　啊！他叫什么名字？

男　斯巴达克。

（这时司令官陪着贵妇人上场，观众都回头看他们，他们在特别座位上坐下。武官上来等候开场的命令）

男　（悄声对女）司令官到了，快要开场了。

（武官得到命令，走下场去，推上来一个铁笼，笼里有一头狮子。他打开斗兽场的铁门，放出狮子，让它走进场里。狮子在场里乱吼乱蹦。接着武官拉着斯巴达克出来，给他解开锁链，把他推进场里，然后把铁门锁了。狮子就跟斯巴达克打起来，打得非常激烈。观众都很紧张地看着）

男　你看，狮子竟被他打倒了，他一定打得过十个奴隶。

女　啊！狮子真被他打死了。

（斯巴达克打死了狮子。看台上的观众都高声狂叫，把帽子、手巾抛向空中。乐队奏起狂欢的音乐来）

司令官　（向武官）可以开始第二场了。

185

贵妇人 （向司令官）叫这个大力士空手跟十个奴隶打吗？

司令官 是的，十个奴隶也都空着手。

贵妇人 要用武器打才好看。

司令官 （向武官）给他们每人一件武器。

男 （向女）听见吗？要用武器打了。这样一来，也许十个奴隶打得过这个大力士了。

女 这才好看！

（武官把一杆标枪丢进栅栏里去，斯巴达克一下子就接在手里，全场一齐鼓掌。十个奴隶也都带着武器，用一条铁链锁着，由武官拉着上场。他们都怕得发抖。可是司令官、贵妇人和观众都看着他们发笑。武官解开锁链，把他们推进栅栏）

斯巴达克 （把标枪插在地上）弟兄们，你们是从哪儿来的？

奴隶甲 （发抖）我们都是在打仗的时候被俘虏的。

斯巴达克 来了多久了？

奴隶乙 三年多了。

斯巴达克 他们叫你们做些什么？你们的日子过得怎么样？

奴隶丙 用铁链锁着，用鞭子打着，逼着赶着要我们做工，饭也不给吃饱。我们三十几个同伴，叫他们打死了十几个，饿死了十几个，现在只剩我们十个了。

斯巴达克 （咬着牙，狠狠地说）他们拿我们不当人，整天逼我们做苦工不算，还要叫我们互相残杀，给他们当把戏看。难道你们愿意跟我拼命，给他们看着好玩吗？

　　奴隶们　（一齐说）不愿意！

　　斯巴达克　弟兄们，我们都是一样的人，是不是？

　　奴隶们　（一齐说）是，我们都是奴隶。

　　斯巴达克　奴隶？不！罗马人不是我们的主人，是我们的仇人！

　　奴隶们　（一齐说）对！他们是我们的仇人！

　　斯巴达克　我们要报仇！要把他们杀死！弟兄们！一起来反抗！

　　奴隶们　（一齐说）好！一起来反抗！

　　司令官　（大声喊）他们在那里说什么？怎么还不动手？（向武官）告诉他们，不许说话！

　　斯巴达克　弟兄们！动手！

　　（一个奴隶用斧子把锁着的铁门砍开，十一个人一齐冲出来。武官迎面走来，被斯巴达克用标枪刺死。全场立刻大乱，男男女女都连滚带爬，四下逃走）

　　斯巴达克　（杀开一条血路，大喊）不愿做奴隶的人们！起来！

　　（无数奴隶从各处跑来，把罗马人手里的武器都夺了过来，跟十一个人合成一支雄壮的起义队伍，杀了出去）

　　　　　　　　　　　　　　　　　　——幕落

一、汇报预习收获，了解时代背景

1. "奴隶英雄"是谁？（斯巴达克）
2. 为什么叫他"奴隶英雄"？

3.什么叫奴隶？（罗马奴隶主要来自政府国家的俘虏，特别强壮的当角斗士）

4.事情发生在什么时间？什么地点？

5.你们对斯巴达克有所了解吗？（色雷斯将军，作战被俘，成为角斗士。公元前73年，200个角斗士在斯巴达克率领下逃到维苏威山上，四面八方的奴隶汇合起来，起义势力迅速发展，组成了七万人的起义军。后被残酷镇压，斯巴达克一直战斗到牺牲）

二、了解人物心态和起义原因

1.起义的原因？（引导学生从细节谈奴隶的悲惨境地）

2.既然是所有奴隶都这样悲惨，为什么故事中单单斯巴达克敢于领导起义？（学生答：武功特别高强；特别勇敢；自尊心特别强烈，特别不能忍受压迫和侮辱虐待，特别向往自由，宁可光荣死不愿耻辱活；荣誉感特别强）

3.如果你是奴隶，你面对虐待和凌辱，你将怎样？（A.挑头起义。B.也充满仇恨，但自己不会挑头，必须跟着别人干。因为先是害怕，看见别人不怕，自己也有勇气了。C.不起义。原因：怕连累家人。意志被摧毁，活一天算一天，怕极了，弱，胆小，彻底丧失反抗意识）

4.两种奴隶：A.身为奴，心不屈服；B.心为奴，真的论为会说话的工具。

5.领袖和B种人的关系是火种之于干柴，给予勇气和力量。这一点我们将在课文中体会到。

三、分角色朗读课文，深入了解人物及起义原因

为分析、朗读的方便，按事情发展顺序，将课文分为"开演之

前""斗狮子""号召起义"三个部分。

1. 分角色朗读第一部分,从男观众的话体会斯巴达克英雄气的一个重要方面:特别强壮,特别勇敢,特别能战斗。从对话里体会贵族的残忍冷酷以及可能有的敬佩、畏惧。对人物出场充满期待。

2. 分角色朗读第二部分。

(1)齐读括号里两段话(狮子出笼、狂欢),体会斯巴达克面对狮子的险境和观众嗜血的残忍。

(2)"这才好看!"从司令官和贵妇人的对话,体会他们把人当玩物的残忍心态,再读司令官和贵妇人的对话。

3. 分角色朗读第三部分。

(1)齐读十个奴隶的进场。分析"发抖"的原因,分析他们和斯巴达克的同与不同。(火种与干柴)

(2)重点指导"奴隶丙"的朗读,读出悲惨。

(3)注意斯巴达克步步深入的引导,体会十个奴隶被逐渐点燃的感觉,曾经消磨的意志重被唤醒。看出他善于启发人的领导才能,领袖气质。分角色再读。

"从哪儿来的?"

"来了多久了?"(三年和新抓来的不同,想象他们刚来的情形)

"日子过得怎么样?"

"愿意跟我拼命,给他们看着好玩吗?"

"他们是我们的仇人!"

"报仇!"

"动手!"

(4)齐读最后一段括号里的话。

四、讨论

1. 我们今天学习斯巴达克的故事有什么意义？

学生回答汇总如下：

（1）人和人应该和睦相处，不能残害别人，否则将引起反抗，也可能给自己招来杀祸。不能依仗自己强大而欺压别人，欺负人多了，总有人会受不了而反抗的。

（2）庆幸自己生在如今，否则自己作为胆小的人，必定会悲惨死去。

（3）要想对抗压迫，必须要先让自己强大起来。

（4）想当领袖人物，口才很重要，也得心里装着大家。

2. 面对生活中种种不公，你将怎么办？

（1）遇到不公正的事情，要通过劝诫、法律等手段求得公平。

（2）尽量忍受，实在忍不住就反抗。

（3）乐观一点，遇到不公平时多想想开心的事情。

《世纪宝鼎》
——教学实录——

世纪宝鼎

朱梦魁　何洪泽

　　联合国在它成立50周年前夕，得到了一份珍贵的生日礼物——由中国人民赠送的巨型青铜器——世纪宝鼎。

　　世纪宝鼎安放在联合国大厦北花园绿色的草坪上。鼎座高0.5米，象征联合国成立50周年；鼎身高2.1米，象征即将来临的21世纪。鼎重1.5吨，三足双耳，腹略鼓，底浑圆，四周有商周纹饰，浮雕兽面，云纹填底。底座上饰56条龙，象征华夏的56个民族都是龙的传人。鼎内铸有铭文"铸赠世纪宝鼎，庆贺联合国五十华诞"。鼎座前为"世纪宝鼎"四个金文大字。鼎座后面书写"中华人民共和国赠　一九九五年十月"。整个宝鼎造型古朴，工艺精湛，堪称宏伟杰作。

　　鼎在远古的时候，是中国先民使用的一种炊具，后来又发展成为一种礼器。中国成语中有"钟鸣鼎食"和"一言九鼎"之说，反映了鼎在中国古代社会生活中的独特地位。鼎作为一种重要礼器，象征着团结、统一和权威，是代表和平、发展、昌盛的吉祥物。这座世纪宝鼎，集中国古代青铜器艺术之大成，熔古代技艺与现代科技于一炉。它的整体结构、艺术造型和纹饰配制，显示了中华民族的悠久历史和灿烂文化。

联合国珍藏着世界各国赠送的礼品，各有意义。中国的这个宝鼎寓意更深：鼎志昌盛，龙兆吉祥，它表达了中国人民对联合国的美好祝愿，对创造一个更加美好的新世纪的希冀。这也是全世界爱好和平的人民的共同心愿。

一、营造特定氛围，为朗读训练奠定基调

教师：同学们好。今天我们学习第23课，请大家翻开书，我们念课题。

学生：《世纪宝鼎》!（声音尖锐炸响，教师掩住了耳朵，作不能忍受状）

教师：我知道你们预习过了，告诉我，鼎是用什么铸就的？

学生：青铜！

教师：不对吧。我听着明明是用白铁皮敲出来的！（学生笑）看课题，再读！

学生：《世纪宝鼎》。（好了不少）

教师：再慢，再厚，再沉些！

学生：《世纪宝鼎》。（教师作满意状）

教师（指黑板上一个"鼎"字）：告诉我，关于鼎，你知道哪些相关的词语？

学生1：一言九鼎。

教师：什么意思？

学生：一句话有九座鼎那么重。

教师：什么意思？

学生：说话很有分量。

教师：说话算数，而且能起决定性作用！男子汉，记住"一言九鼎"，向往"一言九鼎"吧，如果将来有人说你一言九鼎，那便是对你很高的赞誉。

学生2：人声鼎沸。

教师：什么意思，像我们刚才那样吗？

学生：不，那是刺耳，人声鼎沸，可能听起来声音大，但是不难听。

教师：人多，热闹，声音大！

学生3：鼎盛——生命力最旺盛的时期。

教师：还有吗？好，大家说了这么多，也该我说了。（板书"问"和"定"降低声调，讲"问鼎"和"定鼎"，教室里越来越静，教师的声音也越来越低，气氛于安静中透出凝重）好，现在，我来问，再看这个"鼎"，你们有什么新的感觉？

学生1：沉重。

学生2：气魄大。

学生3：庄严。

教师：现在，我们再读课题——开始！

学生：《世纪宝鼎》。

二、朗读第1段

教师：第1段，有谁来读给我们听？没有人？我猜，是觉得自己原先的准备还不够充分，对吗？轻声读，认为可以了请举手。（学生读。有人举手）请读。

一女生："联合国在它成立50周年前夕……世纪宝鼎。"

教师：正确流利。不错，谁还想再试？

（一男生读）

教师：我想请你们评点一下他们二人的朗读。

学生1：我觉得×××（指男生）好些。

教师：为什么？

学生：他的朗读听起来很庄重。

教师：为什么他的听起来庄重呢？因为他是男声吗？

学生2：他读得慢，声音低。

教师：哦，原来区别就在于声音的高低，速度的快慢和调子的升降——原来我们的嗓子气流可以创造如此不同的听觉效果！现在，你们知道该怎么读了吗？

学生：知道！（跃跃欲试）

教师（对前排一个笑眯眯看着自己的女生）：别看我，看书，凝神，注目。开始。

（学生读）

教师：注意这一段连用了两个什么标点符号？

学生：破折号。

教师：这里的破折号，既是解释的意思，也暗示我们在朗读时，该用一种徐缓庄严的语气，可是我们在读的时候，有点习惯性地加速度了，注意控制住发声的节奏，不要抢，那是一尊宝鼎，不是一只白铁大茶壶啊！注意，凝神，注目。开始。

（学生读，教师呈满意状）

三、指导第2段朗读

教师：刚才老师之所以在第1段那个长句子上花大气力，长时间，就是希望在下面的学习中能省些劲儿。谁来读？（没有人举手)准备!(学生读,一人举手)请!

学生:"世纪宝鼎安放在联合国大厦北花园绿色的草坪上……象征华夏的56个民族都是龙的传人……"

教师:对不起,打断一下。告诉我:刚才你读到了很多什么?

学生:数字。

教师:这是一些什么数字?

学生:有象征意义的数字。

教师:除了告诉我们象征性的数字,还告诉我们什么?

学生:腹略鼓,底浑圆……世纪宝鼎的形状!

教师:很好,请坐。我们齐读这一层次:世纪宝鼎的形状及其数字的象征意义。(学生齐读,效果很好)请接着读完后面的内容。(结尾稍差)

教师:谁来谈一谈,你觉得刚才读得好吗?

学生:到后来我们有点抢了。

教师:那你读本段最后一句话。

学生(定一定神):"整个宝鼎造型古朴,工艺精湛,堪称宏伟杰作。"(读得很有气势,很有韵味)

教师(和大家商量):好像应当给他掌声?(掌声)好,我们就这样读这一句!准备好了吗?

学生:准备好了!

教师(轻声):开始!

学生:"整个宝鼎造型古朴,工艺精湛,堪称宏伟杰作。"

四、学习第3段

教师:请大家浏览本段,将它按叙述内容的不同,分为两个层次。可以商议。

学生1：第一个层次我分到"是代表和平、发展、昌盛的吉祥物"。

学生2：我分到"反映了鼎在中国古代社会生活中的特殊地位"。

学生3：我分到"后来又发展为一种礼器"。

教师：我很欣赏大家独立思考的能力和勇气，但究竟分在哪里合适呢？请看，前面都说"鼎"，到后来就说——

学生："这座世纪宝鼎。"

教师：知道分到哪里更合适了吗？

学生：知道。

教师：好，现在我们两拨人分层读，左边读第一层，右边读第二层。（向左）你们知道哪儿停吗？（学生点头。向右）你们知道哪儿接吗？（学生点头）好，开始！

（学生读，右边明显好于左边）

教师：谁来点评一下？

左边一男生：我们读得好，因为我们读得长！（大家笑）

教师：哦，你们更辛苦些是吗？这确实是一个应当考虑的因素。怪老师没有讲清楚，你刚才说的是文字数量的比较，现在我再问你，从质量上看，哪边好些？

学生：他们好些。（又有一左一右的学生说"右边好"）

（前段朗读赢得掌声的）男生：我认为他们读得也好，特别是第一层结尾的长句子，他们读得还是很有气势的。

教师：我还记得你刚才的出色表现。现在，我不仅仅知道了你读得好，而且知道你为什么读得好——因为你比别人更多地注意到了同学的优点啊！保持下去吧，同学，拥有这份赏识心态的你，必定更加优秀！对比两边的朗读，我替左边同学说一句：当然了，有我们提供优点给你们学习，又有我们提供缺陷供你们留神避免，你们就该比我们读得好！是不是？（两边人都笑了）好，我们要的是公平竞争，现在，调换一下朗读内容。准备好了吗？

学生：（纷纷清嗓）准备好了！

教师：开始！

（学生分左右读，还是右边好些，但是左边已经进步了不少）

教师：将两个层次连起来思考，告诉我本段说什么？

学生：鼎在中国文化中的特殊意义和世纪宝鼎的价值。

五、学习第4段

教师：你们先在下面准备一下，然后我们读。（学生准备）

教师：齐读，开始！

学生："联合国珍藏着世界各国赠送的礼品……这也是全世界爱好和平的人民的共同心愿。"

教师：我们常说四平八稳，你们发现了吗？本课之所以让我们感觉庄严肃穆，一个很重要的原因在于——

学生：四个字的词语多。

教师：对。这一段的哪两个词分量特别重？

学生：鼎志昌盛，龙兆吉祥。

教师：志，就是记载的意思。世纪宝鼎将记载世界的和平与昌盛，世纪宝鼎蕴含着的龙的意义将预兆着全人类的吉祥。之所以说"将"，是因为我们知道，这个世界仍然战乱频仍，灾难不断，所以作者说——

学生："它表达了……这也是全世界爱好和平的人民的共同心愿。"

教师：这一段讲的是——

学生：赠送世纪宝鼎的原因。

教师：让我们带着对世界和平发展和昌盛的祝愿，朗读这一段。

（学生读）

教师：下课。

学生：老师再见。

教师：谢谢同学们。同学们再见！

听课教师点评：

优点一，从历史典故开讲，营造庄严凝重的气氛，特殊的情感一直贯穿于整堂课，使说明文的学习不至于机械生硬。

优点二，调动学生积极性，让他们在倾听比较和评点中悟出朗读之道。朗读训练形式有单读、分拨轮读、齐读三种形式，教师能用富于变化的语言激发学生朗读兴趣，学生的朗读水平有明显提高。

优点三，朗读指导不作平均用力，在第1段多下功夫，之后逐渐作"放手"的尝试。

不足：由于教师一开始就发现该班学生朗读缺乏语感，沿袭自己"读不好绝不讲"的习惯，相应地将学习重点放在了朗读指导上。事实上，这也成了整节课做的唯一的事情。所以，没有让学生质疑，课文中有不少需要解释的地方，比如"华诞""堪称""钟鸣鼎食"等，估计有不少人没有理解。其实，教师如果不固守自己的习惯，是能够兼顾释疑的。教师可以在读课题之后请学生提问，然后组词讲故事。而且解释词语也有助于学生在理解的同时获得对语感的体悟，这样后面的朗读指导也许可以见效快些。理解和感悟是相辅相成的。

《清明上河图》
―― 教 学 实 录 ――

清明上河图

徐改

　　《清明上河图》是我国古代绘画中极其珍贵的代表作品，在世界艺术长廊中也是不可多得的文化遗产。

　　《清明上河图》是宋代画家张择端的作品。这是一幅表现北宋都城汴梁（今河南开封）和汴河两岸清明时节风俗世情的长卷，画面的内容可分为三个部分。第一部分描绘市郊的景象。初春的清晨薄雾尚未散尽，一片枝芽萌动的小树林，数间农舍掩映其中，农田初绿，阡陌纵横，赶集的人们和驮运货物的骡马从条条道路向城里进发。在汴河码头停泊着数条大船，其中有一条装满了粮食，一些人正在忙着搬运。

　　顺着波光粼粼的汴河展卷看去，画面进入第二部分。屋宇错落，古柳参差，临河的茶肆之中，摆着桌凳。河中船只往来不断。一座精致的拱桥，宛若飞虹，沟通两岸。行人众多，车水马龙，人声鼎沸，热闹非凡。一艘木船正要穿过拱桥，桅杆已经放倒，船工握篙盘索。桥上桥下，许多行人驻足观看。从人们张嘴挥臂的动作中，似乎听到了船工们吆喝的号子声和众人的喝彩声。

下桥穿街，走过一座巍峨的城门楼，便来到最繁华的街市。这是第三部分描绘的景象。这里酒楼茶肆、它第店铺鳞次栉比，货物五光十色、种类繁多，市招高挂，买卖兴隆。街市上，士农工商，男女老幼，骑马的，乘轿的，购物的，叫卖的，摩肩接踵，熙熙攘攘，真可谓"百家艺技向春售，千里农商喧日昼"，好一派繁荣昌盛的景象。穿过十字路口，再往前行，可是汴京的皇宫重地？画面到此戛然而止，给观众留下想象的余地。

《清明上河图》从郊外田野、汴河两岸，一直描绘到市井、街道，规模宏大，场面繁杂，作者巧妙地利用鸟瞰的构图方式，将浩大繁复的场面妥帖地置于长不过两丈、高不过一尺的画面上。据统计，全图共画人物五百五十余个，各种牲畜五六十匹，不同车轿二十余辆，大小船只二十余艘，各种房屋三十余幢。无论是状物画人，笔笔精到，一丝不苟，达到了生动明确、惟妙惟肖的境界。这充分表现了画家概括生活、提炼素材的非凡才能和绘画技艺的高超。

这件作品不仅在我国绘画史上占有重要的地位，而且因为它深入细致地描绘了当时的风俗人情、桥梁建筑、道路交通、人际关系等，还具有极高的历史价值，成为研究我国宋代社会各方面情况的极其珍贵的形象资料。

一、营造欣赏氛围，酝酿审美心态

教师：同学们好。今天我们学习第24课《清明上河图》。请把书翻到第 122 页。（走到近前）看过电视剧《水浒传》吗？

学生：看过！

教师：知道林冲吗？

学生：知道！

教师：知道鲁智深吗？

学生：知道！

教师：知道浪子燕青吗？

学生：知道！

教师：知道美人李师师吗？

学生：知道！

教师：知道杨志卖刀吗？

学生：知道！

教师：知道泼皮牛二吗？

学生：知道！

教师：《清明上河图》画的就是这些人，这些英雄豪杰，这些三教九流活动的背景。当时的皇帝宋徽宗自己就是一个技艺高超的画家，因此，在他的翰林院里，聚集了很多著名的画家，他们当中包括了《清明上河图》的作者——谁呀？

学生：张择端！（声音响亮但没有感情）

教师：宋代，是我国封建社会城市文明的兴盛时期。看图，看看那些由于印刷技术的欠缺而不太清晰的小人儿，还有那河，那桥，那船，那马，那茶楼，那店铺，看着看着，我恍惚觉得武大郎就在那里卖炊饼，郓哥儿就在那里卖鸭梨，王婆就在那里卖茶呢，我得提醒自己：不，不是这里，他们是在阳谷县！可是，认为是阳谷县有什么关系？只是地点不同而已，只是繁华的程度不同而已，我可以想象他们也在这里啊！

真所谓花柳繁华地，温柔富贵乡，记得宋江带弟兄们赶灯市，闹东京吗？

学生：记得！

教师：记得因大哥怕他喝酒闹事，不带他去，他就撒泼打滚儿的黑李逵吗？

学生：记得！

学生：换谁不想去呀！"百家技艺向春售，千里农商喧日昼"，好一派繁荣昌盛的景象！精工细致，惟妙惟肖，凭着高超的技艺，饱蘸了浓浓的爱意，真真切切将千年以前的风俗世情展现在了我们的面前。这样一位艺术家的名字，我们该怎样读呢？

学生：张择端。

教师：再多一些亲切，再多一些崇敬！

学生：张择端。

二、学生朗读第 1 段

教师：看第 1 段，谁来读？哦，没有？我知道你们事先预习过的，可能是觉得从前的朗读还未读到位吧？（轻声）试一试，有把握的举手。（学生中有人举手）你请读。

学生：《清明上河图》是我国古代绘画中极其珍贵的代表作品，在世界艺术长廊中也是不可多得的文化遗产。

教师：你读得很好，我注意到你有两处读了重音，告诉我，是哪里？

学生：是"极其珍贵"和"不可多得"。

教师：真是"极其珍贵"和"不可多得"的好孩子啊，请再读！（学生读，比上次更好）

教师：这一段讲《清明上河图》在世界艺术史上的地位。感谢

刚才那位同学，他为我们的朗读奠定了很好的基础，我们就那样地齐读，开始！（学生齐读，效果很好）

三、朗读体会第2段

教师：本段第一句话告诉我们，全图分为三个部分：郊外田野、汴河两岸、市井街道。看这一段，找到描写市郊的部分了吗？

学生：找到了。

教师：谁来读？

一女生：初春的清晨薄雾尚未散尽，一片枝叶萌动的小树林，数间农舍掩映其中……一些人正在忙着搬运。

教师：你读得很好，柔和，舒缓，给人清新的感觉，告诉我你是怎样读好的？

学生：我想，这是郊外田野的风光，有田有树，视野开阔，而且是早晨，就应当读得柔和舒展些。

教师：请坐。书读百遍，其义自见。现在的课文，对于我们的理解力实在难以形成挑战，即便是理解，最好的方式，也是在有感情地朗读中，联系上下文进行，如果我们每个人都能像她这样用心去体会，用声音去表达流淌在字里行间的感情，老师的授课不要也罢！这位同学，谢谢你将自己的阅读感受和我们分享。作为回报，我也想谈谈自己对这一段的感受，本段描写的诸多景色中最让我心动的是"一片枝叶萌动的小树林"，生机勃勃，挺拔劲直！这一部分，插图上没有，可是我们可以想象！在我眼里，你们（有学生挺起身子）就是68株春天的小树。（所有人都坐得笔直）小树们，捧起书，看到发声的地方了吗？

学生：看见了。

教师：读！

四、学生朗读体会第 3 段

教师：第 3 段，汴河两岸。就是 123 页那幅图上的情景。看书，从"屋宇错落"到结尾，如果我想按叙述内容的不同分为两个层次，告诉我，怎么分？——讨论！

学生：我分到"热闹非凡"。（大家都点头）

教师：一直都是你们读，我未必有你们读得好，可是我的嗓子被你们精彩的朗读撩得痒痒了，我来读吧。请注意我语速和音调的变化：（读）"屋宇错落，古柳参差……人声鼎沸，热闹非凡。"谁来说？

学生：老师您先是安静的，后来，越读越快，越读越热闹了。

教师：是啊，"屋宇错落，古柳参差"，它们必须安静，否则，闹大地震了！你说得很好，凭此，我可以期待，下面的朗读中，你们将用你们的声音告诉我：老师，我们比你读得好！凝神，注视。开始！（学生齐读第一层次）

教师：看图，看桥上——多少人啊！我佩服那桥的建造者，它一直都没有塌。外国人说咱们中国人是顶爱看热闹的，看起来，这个爱好，历史悠久啊！看桥下，看船，看大船——放桅杆呐，过大桥啊，我不是喜欢热闹的，可是如果我在，我也要踮脚伸头地看，因为船的一头侧倾了，因为桅杆不能碰到桥，因为一不小心，船就要翻，太惊险了，太精彩了！谁来读？

学生：一艘木船正要穿过拱桥……似乎听到了船工们吆喝的号子声和众人的喝彩声。

教师：众人合力过大桥，这是过桥，也是表演啊！这是千年以前的人描写的盛况，今天我们读来，该有加倍的赞赏，对画家的赞赏！——准备好了吗？

学生：准备好了！

教师：嗓子准备好了吗?

学生：准备好了!

教师：情绪准备好了吗?

学生：准备好了!

教师：第二层，开始!

（学生读）

五、学生朗读体会第4段

教师：第4段，看第二幅图，市井街道。浏览一下，告诉我，由闹而静的转折点在哪里?

学生：在"好一派繁荣昌盛的景象"。

教师：文似看山不喜平，作画也一样，要留有余地，要有波折变化，要给人以无尽的想象。我们这样，左边同学读闹的一部分，右边同学读静的一部分。分别看到你们该读的地方了吗?

学生：看到了。

教师：左边同学，当停住，戛然而止；右边同学，当读处，应声而起。开始!

（学生读）

教师：评点一下。

右边学生：我们差些，我们读得太闹了。

教师：你们不差，你们把老师要说的话都说了，你们可以自己教自己了!是啊，皇宫重地，有高俅做太尉，有豹子头林冲领80万禁军守卫，可不是一个可以任意喧哗的地方!各自准备，我们再来。开始!（学生读）

教师：换一下，我们瞧瞧效果如何。（再次分拨轮读，效果很好）

教师：真是心有灵犀，和你们一起学习，真省劲！画面的三部分我们学完——哦，不是，是读完了。语文学习最重要的就是读出语感，这既是我们对于语文爱心满满的流露，也是保证我们有持续热情学好语文的前提。同学们，请你们记住，对于语文而言，读出感觉，永远比懂得更重要。

六、学生朗读体会第5、6段

教师：末两段讲《清明上河图》的艺术价值和历史价值，我请大家连起来齐读。

（学生读）

教师：大概是太想读好了吧，有同学发生口误，将"牲畜"读作"畜牲"："全图共画人物五百五十余个，各种畜牲五六十匹"，哈哈哈哈，感情色彩大不相同了呀！请注意，本文是关于一幅古画的说明文，因此使用了大量的四字词语，文章于是古色古香，读起来既有气势，又有韵律。比方可做总结的这一句："无论是状物画人，笔笔精到，一丝不苟，达到了生动明确、惟妙惟肖的境界。"一句之中，连用了五个四字词——请读。

（学生读）

教师：再读。

学生：无论是状物画人，笔笔精到，一丝不苟，达到了生动明确、惟妙惟肖的境界。

教师：下课！

课后反思：

优点：

1. 由《水浒传》导入，很好地激发了学生的兴趣。

2.以读代讲,将理解内容和培养审美情趣结合起来。

3.朗读指导时教师尽量调动学生的能力,只做适当点拨。

4.六段学习不作平均用力,只将重点放在画面本身。

不足:

1.由于自己字写得太差,教师没有作一字板书,如果将课文要领书于黑板,对于学生把握理解课文将很有帮助。

2."畜牲"一处,应当让学生重新读正确的。

《矛与盾》

—— 教 学 实 录 ——

矛 与 盾

楚人有鬻盾与矛者,誉之曰:"吾盾之坚,物莫能陷也。"又誉其矛曰:"吾矛之利,于物无不陷也。"或曰:"以子之矛,陷子之盾,何如?"其人弗能应也。

序曲:确定课题

教师:同学们好。请大家把语文书翻到目录的第2页,我准备和大家一起学习本册第六单元里的一课,到底上哪一课呢?决定权在你们。共有4课,23课、24课为说明文,25课、26课为简短的古文。我们先表决一下,愿意上说明文的请举手。

(部分同学举手)

教师:点数不太方便啊,请举手的同学站起来。一、二、三……十四、十五,我们班共有39名同学。好,我们上古文。再次表决,愿意上《古代寓言二则》的同学请站起来。"一、二、三……二十、二十一。"请坐,请大家把书翻到第125页,我们开始学习第25课,《古代寓言二则》中的前一篇——《矛与盾》。

一、导入新课

教师：这是一篇寓言，请大家回忆我们学过或者听说过哪些寓言。

学生：《守株待兔》《掩耳盗铃》《亡羊补牢》《坐井观天》。

教师：很好，你们说的都是中国古代流传下来的寓言，同时它们也是成语。你们忘记说的另一些，我来补充：还有《乌鸦与狐狸》《狼和小羊》……所有这些中国的、外国的寓言，从形式上看，它们都是一个一个的——

学生：小故事。

教师：对，讲一个故事，说明一个道理，这就是寓言。今天我们学习的寓言，讲的是什么故事，阐明了什么道理呢？学过就知道了！

二、初读课文

教师：古人云："书读百遍，（学生接）其义自见。"请大家自己先读一读，来回地发声读，读完四遍的举手。举着手的同学，再五遍、六遍地读，我们这样等慢一点的同学。

（学生读。老师巡视，中间侧耳听三位同学完整地读。待大多数同学都举手了）

教师：有同学愿意向大家说下自读情况吗？

一女生：楚人有鬻盾与矛者，誉之曰："吾盾之坚，物莫能陷也。"又誉其矛曰："吾矛之利，于物无不陷也。"或曰："以子之矛，陷子之盾，何如？"其人弗能应也。

教师：很好，虽然不够流利，但能在自学情况下做到准确无误，已经很不错了，谁还想再试？

（一男生读）

三、指导朗读

教师：两位同学的朗读说明我们的预习效果很好。现在，老师范读两遍，请注意我句中的停顿、音调的扬抑，想一想这样的处理表达了什么情绪。第一遍用心听，第二遍可以轻声地跟我读，看能否找到节奏和语调。

（教师一读，鸦雀无声；教师二读，下面轻轻跟读）

教师：下面，大家再读三到五遍，读完三遍的举手告诉我。

（学生再读，情况和前番不同，表情、语调都出来了，很多人读着读着，流露出会意的笑容）

（全部都举手之后）教师：请大家齐读。

（学生齐读一遍）

教师：注意"吾盾之坚，物莫能陷也"和"吾矛之利，于物无不陷也"的炫耀，注意"以子之矛，陷子之盾，何如？"的讽刺，以及结尾的冷峻。再读。

（学生再读，语感有明显提升）

教师：很好。三读——巩固你们的感觉。

（三读，流畅而富于语感）

四、解句

教师："书读百遍，（学生接）其义自见。"这里的"书"原指深奥难懂的《尚书》，这样短小的古文，我们已经读了十来遍了，我相信，借助课本上的注释，我们一定能弄懂每一句的意思，发声说，可以讨论。来回多说几遍，以保证汇报的正确流利。

（学生开始讨论）

教师：对不起，打断一下。我发现很多同学一开始就头碰头了，我是说遇到困难才讨论。同学们，先努力自己解决问题，有需要才求助,好吗?

(学生按要求进行。教师巡视,中间听两位同学从头到尾解释,并予以指导)

教师:有同学愿意替老师给大家逐句解释吗?

一女生:楚国有个卖矛和盾的商人,夸耀他的盾说:"我的盾非常坚固,没有物体能刺穿它。"又夸耀他的矛说:"我的矛十分锋利,攻击物体,没有不刺穿的……"

教师:对不起,打断一下。"吾盾之坚,物莫能陷也"是否定句;"吾矛之利,于物无不陷也"是双重否定句,这是两个难点,你翻译得很好!请重复一遍并继续。

学生:楚国有个卖矛和盾的商人,夸耀他的盾说:"我的盾非常坚固,没有物体能刺穿它。"又夸耀他的矛说:"我的矛十分锋利,攻击物体,没有不刺穿的。"有人问:"用你的矛刺你的盾,情况会怎么样呢?"那个人没有话说了。

教师:哈哈哈哈,讲得多好啊,我也无话可说了。因为用不着我了!谁再试?

(一男生起,说到"我的矛很尖锐,什么都能刺穿"老师喊停并纠正告知:"尽量扣住原来的字意。"并让他说两遍)

教师:刚才两位是自告奋勇者,他们的发言对我们大家必定有启发。请大家逐字逐句再说一两遍,作为检验,之后我将点一两位同学说给我听。注意,学习不能平均用力,遇到阻力大的地方,停下来,多说一两遍,然后继续。

(学生再说。估计都有两遍了,教师喊停,点一位同学,他说得很好,教师认为不需要再查了)

五、理解寓意

教师：故事读懂了，告诉我，它教给我们什么道理？（学生茫然）也就是说，提醒我们在平时说话办事的时候要注意什么？——讨论！

教师：有想说的吗？

学生一：告诉我们，说话要实事求是。

学生二：注意分寸。

学生三：不能前后矛盾。

教师：说话办事要实事求是，注意分寸，不能前后矛盾。大家总结得很好。看起来简单的道理，其实要严格地遵循它是很不容易的。有一个大家应该都听过的广告："今年过节不收礼，（学生齐说）收礼只收脑白金！（师生齐笑）哈哈哈哈……"

（学生举例说明自相矛盾的笑话）

教师：这里有几则体育解说词，大家注意听："中秋节刚过，我给大家拜个晚年！马尔蒂尼一脚凌空抽射，球进了，这是他在本赛季攻入的第13颗头球！……"（笑声一片）

六、发散思维

教师：那个楚国人叫卖的话，就是现在的广告词。有谁能替他拟一则既能招徕顾客，又不自相矛盾的广告词？——商量！

一女生：那个楚国人说……

教师：不，是你说，卖矛与盾的是你，你怎么卖？

学生：（扬声）我的盾很坚固，世界上很少有东西能刺穿它；我的矛很锋利，世界上很少有东西是它刺不穿的。打仗的时候，带上我的矛，带上我的盾，你的矛能刺穿别人的盾，而别人的矛却不能刺穿你的盾。

教师：好！你这样说，就没有漏洞了。我的矛能刺穿世界上绝大多数的盾，我的盾能挡住世界上绝大多数的矛。如果我的矛刺穿了你的盾，我的矛是最锋利的；如果我的盾挡住了你的矛，我的盾是最坚固的。有了这样的矛和这样的盾，再加上武功高强，你将战无不胜！大家快来买呀！（学生齐笑）

七、背诵

教师：下面，我们完成最后一项任务——背诵课文。

（三五分钟后，有一女生抬头看教师，示意自己已经会背了，教师请她背诵。她不太流利地背完。教师表扬她，请基本会背的巩固记忆，还不会的接着背）

（铃声响）

教师：下课。

听课教师点评：

好的就不说了，有一点缺陷："自相矛盾"这个成语应当出现，并引导学生在语言实践中运用。

《郑人买履》
—— 教 学 设 计 ——

郑人买履

郑人有且置履者，先自度其足而置之其坐，至之市而忘操之。已得履，乃曰："吾忘持度。"反归取之。及反，市罢，遂不得履。

人曰："何不试之以足？"

曰："宁信度，无自信也。"

一、回顾从前读过的寓言

二、朗读

1. 自读。（不知道如何断句的地方讨论）
2. 单读。
3. 画出停顿符号，范读，试跟。
4. 齐读两遍。

三、解句

1. 根据课后注释解句。（讨论交流，注意不要漏字）

2. 二人汇报解句，提醒不要漏字。

3. 再各自解句。

4. 点人解句。

四、了解故事寓意

1. 带着解句之后的感觉读。注意郑人来回奔忙的感觉，注意对话的语气。

2. 你们笑了，你们为什么笑？（那人好傻，死脑筋）

3. 你们买鞋买衣服带过尺码吗？（不带）

4. 为什么？（自己试就是了）

5. 在什么情况下才需要尺码？（给人代买）

6. 还一定得跟老板说好什么？（买回来尺码不对就换）

7. 尺码对怎么会不合身呢？（衣服有肥瘦，鞋也一样）

8. 所以，自己去买。要买到合脚的鞋，最简单也是最好的方法是什么？（自己试）

9. 这是毛孩子都知道的简单道理啊，我们看那个郑人忙了好一气：量，去买，回来取，又急奔而去，结果——市集散了！多可笑，多奇怪啊！所以，别人问了什么？以示大惑不解？（"何不试之以足？"）

10. 郑人怎么答？（"宁信度，无自信也。"）什么语气？（理直气壮）再读（"宁信度，无自信也。"）

11. 文章到此为止。你猜别人会接着劝他吗？（不会，这人太傻，不可理喻）

12. 第二天他必定还来买，必定记着什么事？（带尺码）

13. 你们认为，他按尺码买来的鞋一定合脚吗？（不一定）

14. 为什么？（可能肥了，可能瘦了，可能脚背嫌高或嫌矮了。

还有，人常常两只脚不一样大）

15.郑人代表了哪一种人？我们该怎么评价他？（死脑筋，有简单方法不知道用，自找麻烦还误事）

五、发散思维

1.《郑人买履》告诉我们什么道理？（做事情要知道随机应变，不能死脑筋）

2.能举出正反两方面的例子吗？一时想不起来？我说两个关于竹竿的故事。古时候，一个人扛了一根一丈二尺高的竹竿进城，城门高一丈，他就把竹竿截断了。人家问他为什么，他说城门太矮了。古时候有个大人，想考验一群孩子的聪明程度，把一个小玩具挂在高高的——嗯，也是一丈二尺高的竹竿上，告诉孩子，不许放平竹竿，谁能拿到东西，东西就归谁，你们知道那个聪明的孩子是怎么拿到的吗？（有学生答：举着竹竿走到井边，把竹竿顺着放到井里）

3.你们能说说正反两方面的例子吗？读到、听到、自己遇到的都行。交流讨论。（东施效颦，刻舟求剑，《跳水》里的船长父亲，《灯光》里的郝副营长，禄东赞辨认木头的根和梢……）

4.大家说得很好。作为鼓励，老师再讲一个故事。他养了两只猫，一大一小，住一个窝里，你们猜，他给猫开了几个洞？两个！大猫钻大洞，小猫钻小洞！他是谁？知道吗？他是牛顿！因为他是大科学家，所以别人给他找了很多理由，但无论如何，在这件事情上，他是够笨的！

《关尹子教射》
—— 教 学 设 计 ——

关尹子教射

列子学射，中矣，请于关尹子。尹子曰："子知子之所以中者乎？"对曰："弗知也。"关尹子曰："未可。"退而习之。三年，又以报关尹子。尹子曰："子知子之所以中乎？"列子曰："知之矣。"关尹子曰："可矣，守而勿失也。"

一、反复读课文

1. 读四五遍。
2. 一两位学生汇报朗读。
3. 教师范读。学生齐读。
4. 教师指出应作停顿的地方，学生再齐读。

二、解句

1. 据课后注释解句。（发声，讨论）
2. 两位学生汇报解释，要求正确流畅。

三、深入理解短文的句意，在此基础上读出语感

1. 两人分角色朗读，教师读引语。

教师：列子学射，中矣，请于关尹子。（可以想象，他是怀着什么心情来的？高兴啊！兴致勃勃，学得快啊，能得到表扬啊！我该怎么读）

（1）"子知子之所以中者乎？"（老师为什么这样问？没有找到规律，偶然的，碰巧的。这次行下次未必，这样去打仗，危险很大，关切，该怎么读）

（2）"弗知也。"（羞愧，沮丧，感激）

（3）"未可。"（失望，严厉）

教师：退而习之。三年，又以报关尹子。（可以想象，铭记着老师的问题，在那三年中的练习和从前不同，每中一次，每不中一次，都找原因。现在是什么心情？老师该怎么读）

（1）"子知子之所以中乎？"（关切）

（2）"知之矣。"（自豪，感谢）

（3）"可矣，守而勿失也。"（欣慰，谆谆告诫。拳不离手，曲不离口。再高的技艺，不常练习，也会生疏的）

2. 连读。

3. 学生齐读。

四、讨论

1. 你们怎样看待这对师徒？（当今，我们很多的为什么，可以通过读书，汲取前人成果，找到答案）

2. 你得到哪些启发？

教师启发：大的方面讲，牛顿思考苹果为什么落地，发现了万有定律；瓦特思考水开了壶盖为什么动，有了蒸汽机。小的方面

讲，医生看病，不能头痛只医治头，否则会误诊；老师处理纠纷要了解来龙去脉，否则会冤枉同学，造成不公；侦探破案，更要透过假象，看见事实。（学生充分讨论，正反两方面都可以说）

教师总结，凡事不但要知其然，更要知其所以然。爱问"为什么"，这就是创新思维的一个重要特点。养成这样的习惯，无论学习还是工作，你将比别人收获大、进步快，而且进步是脚踏实地的进步，收获是牢固可靠的收获。

五、再读课文

附录
FULU

论坛短信：语文不光是课

嫣然，匆忙之间，昨天的话没有说透。我说：

"语文不是课。"

这不对。

现在，我认为比较合适的说法是：

语文不光是课。语文最不是那种放之四海而皆套的模式课。语文是"这样的老师"面对"这样的学生"的交流。失去了心知肚明的相知默契，我觉得那课好比一个钻头，发力于一个老是打滑的工作面，其真实意义不容乐观。

当然，班上的公开课价值也是不言而喻的，观摩者见识到的风采，绝对不是演员似的背台词可以做到的，那也是平常功夫的展示，是一种厚积薄发。

只是我觉得，为了展示，在细枝末节上精打细磨，耗费时间和心力，于我自己实在划不来。

昨天的阅读课上检查寒假作业——介绍并推荐自己在寒假期间读的好书。

我十分高兴地发现：他们已经知道享受语言了。六年级学生能品味文字美感，这实在是一件令我高兴的事情。一个女生说：关于《格列佛游记》，它的语言是多么幽默，我只想给大家念一段小人国的公告说明："……国王脚踏地心，头顶太阳。他像春天般的快乐，夏天般的舒坦，秋天般的丰饶，冬天般的可怖……"

同学们都笑了，然而好文字如同美好旋律，是需要反复才能在记忆和感悟中立将起来的。于是我请求："夏璇，再给我们念一遍吧。"这遍之后，我自言自语似地念出："我们伟大的国王，他脚踏地心——"

学生齐声道："头顶太阳。他像春天般的快乐，夏天般的舒坦，秋天般的丰饶，冬天般的可怖……"

你说，这样的情境，我如何预见？如何设定？在"别人家里"又如何可以出现？就是在自己家里，如果你整一批人来观摩我的阅读教学，能给你看的，也只能是按部就班的展示。而真正的灵光和快乐，将由于熟稔亲切的丧失而被遏制。你看见的美丽者，往往是绢花而非鲜花。

还有一个男生推荐的是《三国演义》片段。显然，他是练熟了才上台的。玄德子龙，风云际会，长阪激战，林中摔子……滔滔不绝，如是而下。古白话的韵律美由于童声而显得格外动人。同学们听得满目惊羡。

于是我说："你们要感谢熊伟，由于他的出色朗读，撩得老师嗓子痒痒的。下节阅读课，我给你们念张晓风的散文。寒假里，你们大师哥做眼保健操的时候，我就读给他听。"

我将给他们念《许士林的独白》。

想起那个阳光灿烂的下午，儿子先是躺着听，然后立在我的身边，最后，当我的声音于努力的克制中保持平稳时，我一米七几的儿子，他背过身子去了——我知道，他不想让我看见他已经落泪。

篱笆那边狄金森，地毯这头张晓风。
百般红紫素笺上，万种风情笔管中！

这个寒假是快乐充实的，一个主要原因是寒假里有张晓风。有张晓风回旋缠绕、蕴藉清芬的语言。

"当年教授不许我们写白话文，我就乖乖写文言文，就做旧诗，就填词，就度曲……"书的最后，《晓风素描》道出此中天机。我不无卑鄙地嘀咕一声："早说不就得了吗？我猜也是这样！"于是重读《古文观止》。然而，我还是喜欢她的散文——仅仅是散文。

嫣然，很可惜，网上没有《许士林的独白》，我本想打一大段给你，可是又不想太累眼睛。已经快九点，就这样结束吧。

你不必回复。回复就不自然，不好玩了。

我该感谢限制短信字数，否则我会变得更絮叨、无条理。

看云
2004年2月7日